MÉMOIRES

ET

CORRESPONDANCE

DE

L'IMPÉRATRICE

JOSÉPHINE.

IMPRIMERIE DE POULET,

QUAI DES AUGUSTINS, N°. 9.

MÉMOIRES

ET

CORRESPONDANCE

DE

L'IMPÉRATRICE

JOSÉPHINE.

PARIS,

CHEZ PLANCHER, EDITEUR DES ŒUVRES DE VOLTAIRE
ET DU COURS DE POLITIQUE CONSTITUTIONNELLE,
PAR BENJAMIN CONSTANT, rue Poupée, n°. 7.

1820.

Les exemplaires voulus par la loi ayant été déposés, je poursuivrai comme contrefaits tous ceux qui ne seront point revêtus de ma signature.

ORAISON FUNÈBRE

DE

JOSÉPHINE (1).

C'était le 2 juin 1814. Depuis quatre jours, tout était triste, le ciel, la campagne et les hommes; c'est que depuis quatre jours l'humanité souffrait, car les pauvres avaient perdu leur mère : Joséphine était morte.

De Paris à Ruel, de tous les environs,

(1) JOSÉPHINE, (*Marie-Françoise* Tascher de la Pagerie), née à Saint-Pierre de la Martinique, le 24 juin 1768; mariée en premières nôces au vicomte de Beauharnais, général en chef de l'armée du Rhin, en 1792, et condamné à mort, par le tribunal révolutionaire, le 23 juillet 1794; mariée en secondes nôces au général Bonaparte, le 8 mars 1796; sacrée et couronnée *Impératrice des Français*, le 2 décembre 1804; couronnée *Reine d'Italie*, le 28 mai 1805; divorcée par acte du Sénat, le 16 décembre 1809, et

vi

de longues processions d'affligés couvraient les routes. Ne croyez pas qu'il n'y
eût que des indigens ; n'est-il de malheur
que la pauvreté ? La pelouse des contre
allées était occupée par des piétons gé-
missans ; mais dans ces brillantes voitures
qui broyaient le pavé du milieu, j'ai vu
couler aussi bien des larmes.

Du 29 mai, époque de la mort, jusqu'au 2 juin, jour de l'enterrement, plus
de cent mille infortunés ont revû Joséphine pour la dernière fois ; je ne parle
pas de quelques centaines de curieux qui
n'ont fait que visiter Malmaison : ceux-
ci, après avoir salué le lit de parade, de-
mandaient la serre et allaient admirer

---

conservant, avec les honneurs, le titre d'*Impératrice-
Reine-couronnée* ; morte à Malmaison, le 29 mai
1814, et inhumée, le 2 juin, dans l'église parois-
siale de Ruel.

De son premier mariage sont issus *Eugène Napoléon*, fils adoptif de l'empereur, vice-roi d'Italie,
sous l'empire, marié à la princesse *Auguste-Amélie
de Bavière*, et maintenant *Agnat* de la couronne de
Bavière et *duc de Leuchtenberg* ; *Hortense-Eugénie*,
épouse de Louis Bonaparte, ex-reine de Hollande, et
aujourd'hui *duchesse de Saint-Leu*.

les animaux étrangers; les autres san-glottaient autour du corps, ou priaient agenouillés.

Je n'ai pas voulu voir ce spectacle : il est déchirant et sans consolation. Pendant que la douleur publique s'assouvissait, la mienne goûtait une autre sorte de volupté : j'errais sous ces berceaux que Joséphine a plantés; à travers leurs pampres, je voyais les champs qu'elle fit ensemencer, quelques habitations qu'elle releva. Cette satisfaction de mon cœur, l'ombre même qui m'abritait, étaient encore son ouvrage et ses bienfaits.

Près de moi, sur la route, loin de moi, à travers champs, je voyais des groupes se diriger vers Malmaison ou vers Ruel; quelques-uns en revenaient. On se rencontrait, on échangeait quelques paroles; les jeunes filles s'essuyaient les yeux, et l'on reprenait, chacun de son côté, sa triste route. Je recueillais çà et là quelques lambeaux de phrases dispersées par le vent : dans toutes, la reconnaissance répétait le nom de *Joséphine*, et la douleur plaçait le mot de *charité*.

A tous ces murmures dont retentissait

la campagne, se joignait le lugubre son des cloches, dont le vent m'apportait les tintemens interrompus. Cet airain monotone et fatigant qui bourdonne pour les méchans comme pour les bons, a quelque chose de sinistre. Je tâchais de l'oublier, en écoutant le gazouillement des oiseaux qu'il interrompait par fois, mais qui, bientôt, d'un ton plus timide, reprenaient leurs concerts. Je me rappelais que, sur ce banc même où j'étais assis, Joséphine les avait écoutés mille fois.

Vous imaginez peut être qu'un Young à la main, appuyé contre un saule aux longs rameaux, je mettais ma lecture au ton de mes pensées et à la couleur du jour? Hélas non; j'avais, dans ma poche, un petit volume de Lafontaine (le Bonhomme ne me quitte guères), que je me mis à relire. Ah! quand vous voudrez verser de douces larmes, lisez sur le tombeau d'un objet regretté, lisez *Philémon et Baucis*! naïf tableau de la sainte hospitalité, tableau magnifique des bienfesances célestes, je ne sais pourquoi le nom de Joséphine se mêlait à vos riches et suaves couleurs! avec plus d'années, n'eût elle pas été Baucis pour la charité pieuse; sur le trône, à l'exemple des dieux, combien de fois elle changea en azyle habitable, agréable, le réduit sans toît de l'indigence!

Vers sept heures, la foule qui retournait, m'annonça que tout était fini. Cette foule s'écoulait en silence, par fois interrompu par de longs sanglots. Il y avait des jeunes mères qui pressaient leurs nourrissons sur leur sein et qui les mouillaient de larmes; il y avait de vieilles femmes courbées sur un bâton noueux, et qui s'arrêtaient pour soupirer en se regardant. Quelques paysans, mêlés à des citadins, s'entretenaient presqu'à voix basse, comme si on eût dit qu'ils craignaient de ne pas s'entendre, de ne pas recueillir le dernier éloge de leur bienfaitrice. On citait d'elle des mots touchans; on citait surtout de bonnes actions. L'archevêque n'a pas tout dit, ajoutait-on, et n'a pu tout dire (1); ah! s'il avait connu toute sa bonté!

---

(1) Quoiqu'ailleurs on ait dit qu'il n'y avait pas eu d'oraison funèbre prononcée, la vérité est que

Je fais ici une remarque : quand le peuple loue, ce n'est ni le talent, ni même la vertu. Le talent! il en est tant qu'on arme contre lui! quant aux vertus, où sont elles? Est-on vertueux en Espagne comme à Paris? On a dit que la vertu était un effort sur soi-même, en vue de Dieu; mais Dieu est donc bien exigeant, si, pour lui plaire, il faut dompter la nature qu'il nous a donnée. Ah! la bonté est plus facile : celle de Joséphine était d'un usage journalier; à tous momens, en toute occasion, on y avait recours. De toutes les phrases du bel esprit Marivaux, elle n'avait retenu que celle-ci : en fait de bonté, le trop n'est pas assez.

La lumière du jour s'éteignait dans des nuages gris, quand je fus en face de l'église, de cette église qui doit à Joséphine ses murailles nouvelles et le rétablissement de son autel. Elle lui doit plus : c'est de cette bonne femme, de cette vraie chrétienne, que l'église reçut un pasteur et le village un maître d'école.

M. de Barral, archevêque de Tours, et premier aumônier de l'Impératrice, fit entendre sur le cercueil même un éloge simple, court et touchant.

Pourquoi n'ajouterais-je pas qu'elle lui donna aussi une sage-femme?

Une vaste draperie enveloppe de deuil ce temple veuf de sa bienfaitrice. Quand une tête couronnée tombe aux pieds de la mort, la vanité ramasse la couronne pour en décorer son cercueil. Ici, je ne vois nul ornement, et ne lis aucune inscription; mais, à travers les pleurs et les sanglots, huit mille bouches prononçaient aujourd'hui, elles rediront long-temps le nom de JOSÉPHINE. (1)

A ce nom si doux, et qui a tari tant de larmes, la reconnaissance voudrait bien en ajouter deux autres, que la politique, dit-on, ne doit pas entendre; je l'ignore et m'en soucie peu. Ce que je sais, c'est que la tendre reconnaissance n'a d'autre politique que son effusion: elle nomme *Eugène*, elle nomme *Hortense*, comme elle crie *Joséphine*. Est-ce qu'il y a des âmes assez sèches pour blâmer ou pour craindre les soupirs? Ah! ceux qui pleurent ne conspirent pas.

_____

(1) C'est par erreur qu'on n'a porté ce nombre qu'à cinq mille.

La voûte du sanctuaire est voilée de crêpes ; quelques lampes projettent au loin des lueurs pâlissantes. Voilà le lit funèbre, où semblait sommeiller celle que je cherche ; le voilà, mais elle n'y est plus. Où donc est-elle ! Dans ce coin sombre, dont une torche enfumée épaissit l'obscurité. Là, sous une pierre froide et lourde, la mort presse de tout son poids ce cœur si tendre et si aimant. Mais quels sont ces personnages silencieux qui, debout ou prosternés, couvrent de baisers, mouillent de larmes, le marbre insensible ? Huit mille affligés traînent leur douleur par les chemins, et vont l'évaporer en se la racontant. Ici quelques orphelins savourent leur peine et n'en trouvent l'adoucissement qu'en la mettant aux pieds de la croix. C'est qu'avec le précepte de la résignation l'Homme-Dieu donna l'exemple du sacrifice.

Cinq à six infortunés se content leurs chagrins sur ce tombeau. J'approche, e m'incline et je prie. Ma présence, à peine aperçue, n'interrompt point le funèbre entretien.

C'est plus qu'une mère que j'ai perdue, dit à demi-voix une jeune fille ; car ma mère m'avait délaissée et Joséphine me recueillit. Cet enfant, continue-t-elle, en baissant encore la voix, est le fruit du malheur : hélas ! sans elle peut-être, il fût devenu l'objet du crime. O mon fils, ajouta-t-elle en l'enveloppant de ses bras, tu lui dus la vie, et moi, je lui dois l'honneur. Elle te donna un père, à moi un époux, à tous trois une honnête existence. Pourquoi n'a-t-elle pas vécu pour jouir de ses bienfaits ?

Ceux qu'elle a répandus sur moi sont sans prix, dit alors d'un organe ému un octogénaire : à mon âge, il n'y a plus que des douleurs ; la bonne Joséphine me fit retrouver l'espérance. Qui de vous ne connaît pas, au moins de nom, l'hospice de Sainte-Perrine ? Présenté le matin à *la Mère des Pauvres*, j'y entrai le soir. J'avais soixante-dix-huit ans, et il y en avait près de quatre que je n'avais bu de vin. J'en boirai encore ce soir, mais à la santé de qui ? Ma bienfaitrice ne vit plus ! j'ai trop vécu.

Moi, s'écria un jeune militaire, je veux honorer sa mémoire, en défendant mon prince, en mourant pour mon pays. J'eus un jour le malheur d'oublier mon drapeau et la gloire ; mais le repentir suivit la faute, quoique le courage de la réparer ne la suivît point. Arrêté, j'allais subir pis que la mort, le déshonneur : Joséphine, que j'osai implorer, en me l'évitant, me conserva plus que la vie. Cependant, l'empereur, en me renvoyant à mon aigle, avait défendu que je parusse à la première bataille : jugez de mon chagrin ! ce fut encore l'excellente Joséphine qui se chargea d'y mettre un terme : elle obtint que j'aurais l'honneur de me battre. A cet honneur insigne, je joignis le bonheur ; car j'eus celui de perdre la jambe gauche. Mais, par la sambleu, les Prussiens me l'ont bien payée ; et l'empereur, en me revoyant, me dit : ils ne te doivent plus rien ; mais moi, voici ce que je te dois. Et il me donna l'Etoile. O Joséphine, c'est encore un de tes bienfaits !

Vous lui dûtes l'honneur, interrompit alors un homme âgé : c'est beaucoup pour un Français ; moi, je lui dois la vie, et ma nombreuse famille trouve que c'est quelque chose. J'étais émigré : non de ces parricides qui voulaient noyer la patrie au sang de ses enfans ; mais de ces imprudens, que la vanité, que la présomption égarèrent, et auxquels les revers seuls démontrèrent qu'il ne faut pas vouloir remonter un torrent qui court sur une pente. A la suite d'une affaire, à laquelle pourtant je n'avais point pris part, je tombai entre les mains des républicains : hélas! en les revoyant qu'il me parut dur de ne plus être leur compatriote! mais telle était l'âpreté des lois, qu'un étranger, armé contre eux, leur eût inspiré plus de pitié que moi. Ma condamnation fut donc prononcée : et j'avoue que si j'eusse été seul, je ne l'aurais pas repoussée. La patrie en effet peut-elle ne pas rejeter qui ôsa la trahir? mais j'ai une femme, je suis père de nombreux enfans, ils allèrent redemander un époux et un père à Joséphine... Et me voilà. Nous avons passé six ans à la bénir; nous emploierons le reste de notre vie à la regretter.

Pourquoi la regretter, dit alors, d'une voix tranquille, un prêtre, que j'ai su depuis être vicaire d'une paroisse des environs? C'est un sentiment égoïste. Dieu qui la suscita, pour tempérer par la charité l'éclat éblouissant d'une fortune sans limites et par conséquent, sans modération, Dieu la retire à lui, quand, au soufle de sa colère, cette fortune s'éteint.

Qu'aurait fait maintenant Joséphine sur
la terre ? Ce qui fesait tant de malheureux ;
la guerre cesse : il n'y aura plus de sang
à étancher, de larmes à tarir. A quarante-
six ans, sa carrière est fermée : plus de
gloire périssable pour elle. Dieu, sur ce
front que de misérables grandeurs avaient
pâli, pose un diadême immortel comme
lui : sainte couronne où brilleront à jamais les noms des heureux qu'elle a
faits !

En ce moment, la cloche champêtre
sonna la prière du soir. Le vicaire, à genoux sur le tombeau, la prononça, et nous
la répétâmes : il était huit heures, lorsque
je quittai ce lieu triste et sacré ; mais l'im-
pression qui m'en est restée, et que je re-
trace, si elle n'est point exempte de mélancolie, n'est pas non plus sans douceur.

MÉMOIRES

ET

CORRESPONDANCE

DE

L'IMPÉRATRICE

JOSÉPHINE.

LETTRE

De Madame de BEAUHARNAIS à ses Enfans (1).

LA main qui vous remettra ceci est fidèle et sûre : c'est celle d'une amie qui a éprouvé et partagé mes douleurs. Je ne sais par quel hasard on l'épargna jusqu'ici : j'appelle ce hasard une bonne fortune ; elle le nomme une calamité. N'est-il pas honteux de vivre,

---

(1) Alexandre Beauharnais fut immolé le 7 thermidor, trois jours avant le supplice de Robespierre. Il paraît que sa veuve écrivit cette lettre immédiatement après, c'est-à-dire à l'époque où, supposant que la condamnation du mari entraînerait celle de la femme, elle était fort éloignée d'espérer sa liberté.

me disait-elle hier, quand tous les gens de bien ont l'honneur de mourir? Puisse le ciel, pour prix de son courage, lui refuser ce fatal honneur!

Quant à moi, je suis digne de le recevoir, et je m'y prépare. Pourquoi la maladie m'a-t-elle épargnée? Mais, dois-je en murmurer? Epouse fidèle, ne dois-je pas avoir le même lit que mon époux; et en est-il de plus glorieux aujourd'hui que l'échafaud?

Mes enfans, votre père y est mort, et votre mère y va mourir. Mais, puisqu'avant ce moment suprême, les bourreaux me laissent quelques instans, je veux les employer à m'entretenir avec vous. Socrate condamné philosopha avec ses disciples : une mère, prête à l'être, peut causer avec ses enfans.

Mon dernier soupir sera de tendresse, et je veux que mes dernières paroles soient une leçon. Il fut un temps où je vous en donnais de plus douces. Mais celle-ci, pour être donnée dans un moment sévère, n'en sera que plus utile. J'ai la faiblesse de l'arroser de mes larmes; bientôt j'aurai le courage de la sceller de mon sang.

Personne jusqu'ici ne fut plus heureuse : si c'est à mon union avec votre père que j'ai dû ma félicité, j'ose croire et dire que c'est à mon caractère que j'ai dû cette union. Tant d'obstacles s'y opposaient! Sans efforts d'esprit, j'ai su les aplanir. C'est que je trouvais mes ressources dans une nature heureuse, que je peux vanter, puisque c'est Dieu qui me la donna, et que chacun reconnaît d'abord dans ceux qui en sont doués. Vous les possédez aussi, mes enfans, ces avantages naturels qui coûtent si peu, et qui valent tant ; mais il faut savoir les employer, et c'est ce que je me plais encore à vous enseigner par mon exemple.

En vous rappelant où je suis née, vous jugerez combien, dès mes premières années, ils me furent utiles : c'est sous-entendre combien ils le furent aux autres. La première époque de ma vie, passée à la Martinique, m'offrait le spectacle singulier de l'esclavage, qui ne devient si affreux que par celui du despotisme qui le domine. Représentez-vous sept à huit cents misérables, auxquels la nature donna un teint d'ébène et de la laine pour cheveux, et que la cupidité, devenue féroce par les dangers qu'elle court à se satisfaire, arracha à leur patrie, pour les transplanter sur un sol qui toujours les tourmente et quelquefois les dévore. Là, désunis comme famille, mais assemblés en ateliers, ou groupés en travailleurs, ils offrent à un soleil presque vertical leurs membres pressés dans des liens de fer. Sous le rotin d'un commandeur, ils fouillent une terre que leur sueur, que leur sang même ne fertilise pas pour eux. C'est pour enrichir des maîtres barbares que ces infortunés furent retranchés de la loi commune du genre humain; c'est pour assouvir l'avarice américaine qu'ils végètent nus, sans asile, sans propriétés, sans honneur, sans liberté; c'est pour éveiller les voluptés de l'Europe, qu'ils sont, dès l'enfance, et pour la vie, et sans espoir, condamnés à ces supplices. Cependant les tyrans dont ils sont les esclaves, ou pour mieux dire, les bêtes de somme, se gorgent de richesses, s'enivrent de jouissances, sont rassasiés de plaisirs. Fiers d'une couleur qui n'est qu'un accident physique; orgueilleux de quelques connaissances, qui pourtant les tient à plus de distance des Européens instruits, que les Noirs n'en conservent relativement à eux, non-seulement ils oublient qu'ils sont chrétiens, mais encore qu'ils sont hommes. Et pour comble de cruauté, ils érigent en droits leur conduite impie, et justifient par des sophismes d'inquisiteurs un régime de cannibales.

Tel était, à l'époque de mon enfance, le tableau général de la colonie : celui que présentait notre habitation en différait beaucoup. C'était encore des maîtres et des esclaves ; mais les uns se montraient sans dureté, et les autres vivaient sans douleurs. A la liberté près, les Noirs partageaient tous les avantages de la société et quelques-uns des plaisirs de la vie. L'amour ne leur était pas interdit, et des mariages assortis récompensaient leur longue tendresse. Sous des latitudes étrangères, ils voyaient croître leur famille et se développer leurs alliances. Et lorsqu'au son de leur *tam-tam*, ils exécutaient, sous des berceaux de palmiers, leurs danses naturelles, ils pleuraient de joie, et croyaient avoir retrouvé leur patrie.

Je n'étais point étrangère à leurs jeux, parce que je n'étais ni insensible à leurs peines, ni indifférente à leurs travaux. Je vivais sur l'habitation de notre tante Renaudin, cette excellente femme, cette bonne parente, cette amie parfaite dont nous avons si souvent parlé, et qui mourrait aujourd'hui de douleur, en voyant sa nièce immolée, comme elle a si long-temps

langui de regrets, quand sa prévoyance nous
sépara.

Je dis sa prévoyance ; et ce n'était peut-être
alors que sa tendresse. Diverses circonstances
avaient amené à la Martinique un jeune officier plein de grâces et de mérite : je puis le
louer avec transport, c'est votre père ; c'était
celui qui, après avoir fait de moi la plus heureuse des épouses, devait me rendre à-la-fois
la mère la plus glorieuse et la plus infortunée.
O mon cher Alexandre! qu'ils furent rapides
et délicieux les momens de notre union ; et
que les jours qui se traînent, depuis que la
mort l'a rompue, me semblent amers et pro-
longés! Ils paraissaient aussi bien lents à ton
impatience, ceux qui la précédèrent; car ce
n'est point avec nos enfans que je dois dissimuler. M. de Beauharnais réunissait tout pour
plaire, et je portais dans mon cœur tout ce
qui fait aimer. Nous nous aimâmes donc
avec l'abandon de deux jeunes âmes qui
ont trouvé l'objet long-temps rêvé de leur
affection. Votre père m'a répété mille fois qu'il
m'avait choisie ; moi, je lui répondais que je
l'avais trouvé ; et notre bonne tante Renaudin
prétendait que résister à un sentiment si bien
établi, c'eût été résister à la Providence.

Le mari de madame Renaudin avait réuni à la gestion de ses propriétés, celle des domaines dont MM. de Beauharnais venaient d'hériter : rien ne lui paraissant mieux assorti que notre amour, rien aussi ne dut lui sembler plus convenable que notre union. Mais elle voulait la conquérir sur toute la famille ; et ce fut pour la ménager que je fus envoyée en France. Qu'ai-je besoin d'ajouter que la traversée fût heureuse ? Votre père la faisait avec moi. Mais j'ai besoin de me répéter qu'il fût votre père, pour me justifier de ce qu'il était mon amant. Tant d'amour ne devrait être que pour Dieu !

Celui auquel, en véritables enfans de la nature, nous abandonnions nos deux existences, trouva, dans des intérêts de famille, un obstacle qui d'abord parut invincible. MM. de Beauharnais, unis par un attachement fraternel, digne de servir de modèle, avaient, depuis long-temps, projeté d'en resserrer encore, d'en éterniser en quelque sorte les liens par le mariage de leurs enfans : votre père devait épouser sa cousine. Mais le sien, plus occupé du bonheur de son fils, n'hésita pas de l'assurer en rompant l'union projetée. De cette rupture, que le marquis envisagea comme un affront, naquit une haine, dont je fus la cause innocente et l'occasion involontaire, mais que je résolus d'éteindre par le sacrifice le plus héroïque.

Voici, dis-je à Alexandre, le moment de me prouver que mon amant n'est point un homme ordinaire, et qu'à l'amabilité d'un Français, il sait unir la constance d'un héros. La bravoure qui affronte la mort sur le champ de bataille est vulgaire, et assez récompensée par les témoins qui l'admirent, et par les éloges qui l'éternisent. Il est une bravoure moins fastueuse et plus difficile : c'est celle qui consiste à défier la douleur de l'âme, à accepter de sang-froid les sacrifices du cœur, et à immoler au bonheur commun sa propre félicité : voilà cette bravoure que j'attends de mon cher Alexandre ; et c'est en m'abandonnant qu'il me prouvera qu'il sait m'aimer. Alors, je lui exposai mon plan ; et quoique sa tendresse s'en indignât, je l'amenai au point d'en faire un noble sacrifice à la nécessité.

Ce fut alors, qu'armée d'une résignation qui ferait de moi la victime la plus déplorable, parce qu'elle en était la plus regrettée, je me présentai à l'oncle de mon amant. Vous ne m'aimez point, Monsieur, lui dis-je, vous ne pouvez m'aimer ; cependant me connaissez-vous ? La haine que vous m'avez vouée, où l'avez-vous prise, et qui la justifie ? Ce n'est certainement point mon attachement pour le vicomte de Beauharnais : il est pur, légitime, payé d'un juste retour, et nous ignorions, en nous attachant l'un à l'autre, que des convenances sociales, que des intérêts qui me sont étrangers, pussent jamais devenir criminels. Tout notre tort, le mien surtout, viennent donc du mariage projeté par madame Renaudin, et consenti par M. de Beauharnais. Eh bien, Monsieur, si Alexandre et moi, plus dociles à vos volontés, que sensibles à notre bonheur, avions l'affreux courage de vous l'immoler ; en un mot, si lui et moi renonçions à ce mariage qui détruit celui que vous aviez conclu, trouveriez-vous encore votre neveu indigne de votre amitié, et moi, Monsieur, vous semblerai-je toujours digne de vos mépris ? — Le marquis écoutait encore que je ne parlais plus ; il écoutait, sans entendre, ou plutôt il comprenait moins encore un langage si étranger à ses idées, que des sentimens si peu d'accord avec ses calculs. Enfin, couvrant d'un vernis de politesse ce que ceux-ci auraient eu de trop injurieux pour moi : Mademoiselle, me répondit-il, j'avais ouï parler, avec de grands éloges, de la beauté, de l'esprit et surtout des nobles sentimens de mademoiselle de la Pagerie ; et tout autre que l'oncle du vicomte de Beauharnais devait, je le sens, joindre sa voix à celle de la renommée pour vanter la réunion de tant de perfections. Mais cette réunion que je craignais, qui justifie si bien mon neveu, ou du moins qui l'excuse, cette réunion, je la trouvais d'autant plus coupable, qu'elle est plus invincible, qu'une rivale, loin d'en détruire l'influence, ne peut que l'augmenter, et qu'il était bien difficile de prévoir qu'à elle seule il était réservé d'en arrêter l'effet. C'est, mademoiselle, le spectacle que vous donnez aujourd'hui : spectacle si singulier, permettez-moi de vous le dire, que pour ne pas le soupçonner de l'égoïsme le plus adroit, ou de la dissimulation la mieux combinée, il faut avoir recours à une troisième supposition, que vous croirez peut-être injurieuse, précisément parce qu'elle est naturelle. — Qu'elle est, Monsieur, cette supposition ? — Que vous avez cessé d'aimer ou d'être aimée. — Le vicomte, qui m'avait accompagnée, n'avait pas voulu paraître devant son oncle, et gémissait dans un cabinet voisin. A ces mots cruels d'un homme, auquel sa passion contra-

riée ne permettait pas de supposer dans les autres quelque générosité, j'ouvre à mon amant,
et l'entraînant devant M. de Beauharnais :
Monsieur, lui dis-je, lorsqu'on se décide à un
tel sacrifice, ce n'est certainement pas pour en
chercher le prix dans les éloges des autres : la
plupart sont trop loin des sentimens qu'il
exige, pour seulement les soupçonner. Ce
n'est donc que dans le devoir qu'on en trouve
l'indemnité ; et c'est encore une récompense
qui n'est pas comprise par tout le monde. Le
père de M. de Beauharnais est fait pour l'apprécier : c'est de lui, Monsieur, que nous allons l'obtenir. Alexandre et moi allons lui jurer
de nous aimer toujours, de nous séparer à
l'instant, et de ne nous revoir jamais. — Votre
père exalté voulait accabler son oncle ; mais,
avec un reste de pitié, comment ne pas être
indulgent, quand on est vainqueur ? Le marquis n'avait plus contre nous qu'un ricannement
ironique et de froides railleries : tristes ressources de l'orgueil humilié qui échouent devant la conscience satisfaite.

La scène qui eut lieu chez le comte fut
toute autre. Jusques là, ce dernier incer-
tain flottait entre son frère et son fils. Ma
démarche amena un dénouement favorable

à celui-ci. Jamais, nous dit M. de Beauharnais, jamais vous ne fûtes plus dignes
l'un de l'autre, que depuis que vous re-
noncez à vous posséder. Et je serais assez
injuste pour punir, comme un crime des
passions, la vertu qui les immole! Non, mes
enfans ; soyez heureux, vous ne le serez
pas seuls. — Et, malgré l'irritation toujours
croissante du marquis, nous fûmes unis.

Ce mécontentement, porté jusqu'à la haine
d'un côté, céda aux dangers que la révolution fit courir. Désunis par des prétentions
chagrines, nous nous ralliâmes pour défendre
nos droits contre des dangers communs. Quoique d'une opinion contraire au mouvement
général, votre oncle ne fut pas fâché de voir
son neveu parmi les rangs de ceux qui secon-
daient ce mouvement. En cas de péril c'était
un appui. Pourquoi l'orage est-il devenu tel,
qu'au lieu d'épurer l'atmosphère et de balayer
le sol, il noye l'un et l'autre, et submerge les
protecteurs avec les protégés ?

Je viens de dire que, dans les rangs de
ceux qui aidaient au mouvement de la révolution, on remarquait votre père. Il y parut
toujours avec honneur, moins pour l'accé-
lérer que pour le diriger. Convaincu que la

masse des abus entraînait une réforme, il voulait celle-ci graduelle, successive, douce et forte tout-à-la-fois, et plutôt combinée pour débarrasser l'édifice social, que pour renverser l'édifice lui-même. Des passions en ont décidé autrement : les premières résistances ont nécessité les dernières attaques; et celles-ci, abandonnées à une multitude sans calcul et sans frein, ont dénaturé le principe de la révolution, perverti ses conséquences et éloigné de son objet, dans une progression indéfinie. On voulait conquérir la liberté; on n'a gagné que l'anarchie. Qui arrêtera ce torrent dévastateur? O Dieu ! si tu n'envoyes une main puissante qui le réprime et qui l'enchaîne, c'est fait de nous !

Pour moi, mes enfans, qui vais mourir, comme votre père, victime des fureurs qu'il a toujours combattues et qui l'ont dévoré, je quitte la France sans haîne contre ses bourreaux, que je méprise, et pénétrée de compassion pour ses malheurs. Honorez ma mémoire, en partageant mes sentimens. Je vous laisse pour héritage la gloire de votre père, le nom de votre mère, que quelques malheureux bénissent, notre amour, nos regrets et notre bénédiction.

CORRESPONDANCE.

LETTRE PREMIÈRE.

A Madame FANNY de BEAUHARNAIS.

AH, ma tante! plaignez moi, consolez moi, conseillez moi : Alexandre est arrêté; au moment où je vous écris, on le conduit au Luxembourg. Dès avant-hier, un homme de mauvaise mine rodait autour de la maison. Hier, vers trois heures, on vint demander au portier si le citoyen Beauharnais était revenu de Saint-Germain. Or, mon mari n'est point allé à Saint-Germain depuis le mois de mai. Vous étiez avec nous, ma tante, et Cubières, si vous ne l'avez pas oublié, nous lut des vers sur le pavillon de Lucienne. Le même homme reparut dans la soirée; il était accompagné d'un grand vieillard sec et brusque qui fit quelques questions : « C'est bien Beauharnais le vicomte? — Ci-devant, répondit le

portier.—Qui a été président de l'Assemblée ?
— Je crois que oui. — Et qui est officier-géné-
ral ? —Oui, Monsieur. — Monsieur ! interrompit aigrement le questionneur ; tu vois, ajouta-
t-il, en se tournant vers l'autre qui ne disait
rien, tu vois que la caque sent toujours le ha-
reng. » La-dessus, ils disparurent.

Aujourd'hui, à huit heures, on demanda
à me parler : c'était un jeune homme d'une
figure douce et honnête ; il portait un tablier
de cuir.dans lequel étaient quelques paires
de souliers. La citoyenne a demandé des chaus-
sons de prunelle grise ? Victorine était là ,
quand il me fit cette question à laquelle je ne
comprenais rien. Je regardai ma femme de
chambre qui n'en savait pas plus que moi.
Le jeune homme avait un air peiné ; il tournait un soulier dans ses mains et fixait sur
moi des regards douloureux. Enfin, il me dit
à demi-voix et en s'approchant : J'ai à vous
parler, Madame. Son ton , ses regards, un
soupir qu'il réprima me causèrent de l'émotion. Expliquez-vous, lui dis-je vivement ,
Victorine n'est pas de trop. Ah! s'écria-t-il,
comme malgré lui, il y va de ma tête ! Je
me levai brusquement, et renvoyai Victorine ,
après lui avoir ordonné d'avertir mon mari.

Madame, dit le jeune ouvrier, quand nous fûmes seuls, vous n'avez pas un moment à perdre pour sauver M. de Beauharnais. Le comité révolutionnaire a pris cette nuit la résolution de le faire arrêter, et à l'heure qu'il est, on en rédige l'ordre. Je me sentais pâlir et défaillir ; Eh ! comment savez vous, demandai-je en tremblant ?... Je suis du comité, répondit-il, en baissant les yeux, et comme je suis cordonnier, j'ai pensé que ces souliers seraient un bon prétexte pour avertir madame. J'aurais embrassé cet honnête jeune homme. Il s'apperçut que je pleurais et je crois que les larmes lui vinrent aux yeux. En ce moment, Alexandre entra, et je courus dans ces bras. Vous voyez que c'est mon mari, dis-je au cordonnier. J'ai l'honneur de le connaître, répondit-il. Votre neveu apprit le service qu'on lui rendait ; il voulait le récompenser sur le champ ; mais le jeune homme s'en défendit d'une manière à augmenter notre estime. Alexandre lui tendit la main, que le jeune homme prit avec respect, mais sans embarras. Ah ! ma tante, ne vous faites plus chausser par d'autres que par lui !

Malgré nos sollicitations, Alexandre ne voulut pas fuir. Que peut-on me reprocher, disait-il, j'aime la liberté, j'ai servi la révolution, et si cela avait dépendu de moi, elle serait terminée au profit du peuple. Mais vous êtes noble, répondait le jeune homme, et c'est un tort aux yeux des révolutionnaires. C'est un malheur irréparable, dit mon mari. Qu'on peut changer en crime, ajoutai-je. Et puis, ajouta à son tour le cordonnier, ils vous reprochent d'avoir fait partie de la Constituante. Mon ami, dit Alexandre, d'un air noble et d'un ton ferme, c'est mon plus beau titre de gloire, c'est même le seul que je réclame. Qui ne serait fier d'avoir proclamé les droits de la nation, la chûte du despotisme et le règne des lois ? Quelles lois, m'écriai-je ! c'est avec du sang qu'elles sont écrites. Madame, dit le jeune homme avec un accent que je ne lui avais pas encore connu, quand l'arbre de la liberté est planté dans un mauvais terrain, c'est avec le sang de ses ennemis qu'il faut l'arroser. Nous nous regardâmes M. de Beauharnais et moi, et dans ce jeune homme, que la nature a fait sensible, nous reconnûmes le révolutionnaire que les nouveaux préjugés pourraient rendre cruel.

Cependant l'heure s'écoulait ; il prit congé de nous, en réitérant à mon mari que dans

une heure il ne serait plus temps de se soustraire aux recherches. J'ai voulu vous sauver,
parce que je vous crois innocent, dit le cordonnier; c'était mon devoir envers l'humanité;
mais, si j'étais commandé pour vous arrêter..,
pardonnez !... je ferais mon devoir, et vous
reconnaitriez un patriote. Je verrai toujours
dans vous, dit le vicomte, un honnête homme,
un cœur sensible et généreux; il est impossible que je n'y trouve pas un vrai citoyen.

Quand il fut sorti : voilà, me dit Alexandre,
les nouveaux préjugés dont ils abreuvent cette
jeunesse. Le sang des nobles, même les plus
patriotes, doit allaiter la liberté. S'ils n'étaient
que cruels et turbulens, cette soif sanguinaire,
cette ardeur du despotisme s'éteindraient ;
mais ils sont systématiques, et Robespierre a
réduit l'action révolutionnaire en doctrine. Son
mouvement ne s'arrêtera, il ne peut s'arrêter
que quand ses ennemis réels ou présumés seront anéantis, ou lorsque son auteur ne sera
plus. Mais c'est un opiniâtre qui croit que pour
fortifier la liberté il faut lui faire cuver du
sang. Vous me faites frémir, dis-je à Alexandre,
pouvez-vous parler ainsi et ne pas fuir ? Où
fuir, répondit-il ? Est-il une cave, une man-
sarde, un réduit où ne pénètre l'œil du ty-

ran ? Songez qu'il voit par les yeux de quarante mille comités animés de son esprit et
forts de sa volonté. Le torrent est déchaîné ;
le peuple, en s'y jetant, le pousse et le gros-
sit : il faut céder. Si je suis condamné, comment me soustraire. Si je 'ne le suis pas,
libre ou détenu, je n'ai à craindre rien. Mes
larmes, mes sollicitations furent vaines : à midi
moins un quart, trois membres du comité révolutionnaire parurent, et la force armée
s'empara de l'hôtel.

. Vous allez croire que mon jeune cordonnier
était au milieu d'elle ? Vous ne vous tromperez
pas ; et quoique les fonctions qu'il y exerçait
me fissent de la peine, je vous avoue que je ne
les lui vis pas remplir sans une sorte de satisfaction. Il se chargea de signifier à Alexandre
l'ordre qui le mettait en arrestation, ce qu'il fit
avec autant d'égards que de fermeté. Au milieu
d'une crise si douloureuse pour moi, je ne pus
m'empêcher de remarquer l'air d'autorité et le
ton décent que conservait ce jeune homme,
que sa condition semblait devoir rendre étranger à cet emploi, mais qui s'en rapproche par
beaucoup d'élévation dans l'âme jointe au tact
des convenances. Ses deux confrères, qui en
ignoraient jusqu'aux élémens, formaient avec

lui le plus choquant contraste. L'un, qui est ce vieil inquisiteur qui, la veille, s'était inquiété de la présence et des occupations de mon mari, est un ancien planteur de la Martinique, lequel, en dépit de l'égalité, n'a jamais vu dans l'espèce humaine que deux classes, celles des maîtres et celles des esclaves. Son opinion est qu'on ne terminera la révolution, que lorsqu'on aura réduit ses ennemis à la condition des nègres exportés du Sénégal en Amérique ; et pour atteindre à ce but, il demande que la traite des prêtres, des nobles, des riches, des savans et de toutes classes aristocratiques aille remplacer à Saint-Domingue celle des Noirs que la révolution a supprimée. Par cette mesure, ajoute-t-il, vous obtenez deux grands résultats : l'un, c'est la tranquillité de la métropole, et l'objet de la révolution, c'est-à-dire l'égalité ; l'autre, c'est le renouvellement de la population des colonies et la restauration du commerce. De plus, vous rendez hommage à la nature innocente, en maintenant l'abolition de la traite sur les côtes d'Afrique, et punissez la nature orgueilleuse et corrompue, en transportant cette traite sur les côtes de France. C'est ainsi que les vrais républicains assurent par des mesures d'une haute et profonde

politique le triomphe de la morale. Ces derniers mots me furent adressés, au moins par
les regards méchans que me lança l'œil creux
de ce vieillard féroce. Son troisième collègue,
brutal et grossier, inventoriait bruyamment
les principaux meubles et les papiers. De ces
derniers, ils choisirent ce qu'ils voulurent,
en firent une liasse qui fut scellée dans un
carton et envoyée au comité. Ce sont pour
la plupart des rapports et des discours pro-
noncés par Alexandre à l'Assemblée constituante. Cette Assemblée est en horreur aux
révolutionnaires; elles n'est pas moins odieuse
aux aristocrates de tout rang et de toutes
nuances. Cela ne prouverait-il pas qu'en fait
de révolution, elle avait résolu tous les pro-
blêmes, et qu'en matière de liberté, elle
avait fondé tous les établissemens ? Au régime
de 89, elle avait ôté tous moyens ; à celui
de 93, elle enlevait toute espérance. Alexandre
m'a souvent répété qu'à l'une comme à l'autre,
il ne restait pour naître ou pour ressusciter que
la violence et les attentats. Pourquoi faut-il
qu'il ait prédit si juste, et qu'au titre de prophète il ait voulu joindre encore celui de
martyr!

LETTRE II.

A la Même.

Pourquoi votre mauvaise santé et les bons procédés de vos amis vous retiennent-ils à la campagne? Chère tante, j'aurais grand besoin de vous. Voilà ma maison seule, et moi plus seule, plus délaissée encore. Depuis cinq jours qu'il n'y est plus, tous ses amis ont disparu peu à peu. Il est six heures au moment que je vous écris, et personne n'a paru. Personne, je me trompe : mon brave jeune homme ne se rebute point; il vient deux, trois fois par jour avec des nouvelles du Luxembourg; tant que son devoir n'est pas engagé, il se soucie peu d'exposer sa personne : la peste du malheur ne le rebute point. C'est à lui qu'Alexandre confie celles de ses lettres qu'il veut que je lise seule : les geoliers, le comité, ont la primeur des autres. En voici une dont je vous transmets la copie : l'original doit reposer toute ma vie sur mon cœur et mourir avec moi.

« Eh bien! pauvre petite, vous n'êtes donc
» pas raisonnable, et il faut que ce soit moi
» qui vous console? Je le puis aisément, car
» c'est ici le séjour de la paix, où la cons-
» cience est tranquille, et où l'on peut puiser
» pour soi et pour les autres tous les bons
» sentimens du cœur, toutes les bonnes idées
» de l'esprit. Le mien serait troublé par notre
» séparation, si elle devait être longue; mais
» je suis soldat; et, loin de vous, ma douce
» Joséphine, loin de nos chers enfans, il me
» semble que je fais la guerre : et en effet, ce
» petit évènement est une campagne contre le
» malheur. Ah! si vous voyez comme on sait
» le combattre ici, vous rougiriez beaucoup
» d'être affligée. Chaque détenu, ceci est à la
» lettre, laisse les chagrins à la porte et n'ap-
» porte ici que bonne humeur et sérénité.
» Nous avons transporté au Luxembourg la
» société, moins la politique; et vous m'a-
» vouerez que nous vous avons laissé les
» ronces pour ne garder que les fleurs. Il y
» a des femmes charmantes et qui ne sont
» point coquettes, des vieillards qui ne mo-
» ralisent pas, des hommes mûrs qui spécu-
» lent peu, et des jeunes gens presque rai-
» sonnables. Vous voyez que l'élite est en

» dedans et le frétin en dehors. J'en excepte
» pourtant ma Joséphine et nos chers petits :
» oh! c'est encore du choix, du bon et du
» meilleur que ce trio chéri. Je dois excepter
» aussi notre bon ami Névil : celui-là n'a de
» tort que de se croire un peu parent de
» Brutus. Quant à son titre du comité, je ne
» le lui reproche point : je m'en trouve trop
» bien. C'est lui, ma tendre amie, qui vous
» remettra cette lettre, dans laquelle j'enferme
» mille baisers, jusqu'à ce que je puisse vous
» les prodiguer plus réellement et sans
» compter. »

LETTRE III.

A la Même.

Alexandre a été interrogé hier, et j'aurai ma permission demain. Le président du comité est un homme assez honnête, mais apathique et nul, auquel je ne sais combien de quintaux d'embonpoint ôtent le mouvement, les idées, et presque la parole. Avec les meilleures intentions du monde, il a moins d'autorité que le dernier garçon de bureau. Il arrive tard, gagne son fauteuil en geignant, s'assied pesamment; et, quand il est assis, reste un quart-d'heure sans parler. Pendant ce temps, un secrétaire lit des rapports qu'il n'entend pas, quoiqu'il ait l'air de les écouter. Quelquefois, il s'endort pendant la lecture, ce qui ne l'empêche pas de se réveiller justement pour signer ce qu'il n'a ni écouté, ni compris. Quant aux interrogatoires, qu'il commence et que chacun de ses confrères continue, il y en a quelques-uns d'atroces, un plus grand nombre de ridicules : tous sont plus ou moins curieux. Qu'y a-t-il de plus singulier en effet que de voir l'élite de la société expliquer ses pensées à ceux qui, malgré leur élévation, en sont encore la boue? Quand je parle ainsi, ma tante pense bien qu'il n'est question ni de naissance, ni de fortune, ni de priviléges; mais de principes, de conduite, de sentimens. Par exemple, le président du comité est, par son existence, *un homme comme il faut* : c'est un propriétaire aisé et qui ne laisse pas que d'avoir reçu une certaine éducation. Le calcul le fit révolutionnaire; et, jusqu'à ce que la présidence ait assuré la tranquillité de ses digestions, il a maigri de peur. Maintenant, indifférent au sort des victimes qu'il aide à faire, il engraisse de lâcheté. Je crois l'avoir qualifié d'honnête homme : est-ce l'être cependant que de garantir son repos en sacrifiant les gens de bien? Oh! que j'aime bien mieux, que j'estime davantage ce brave, cet excellent Névil, qui a peut-être le ridicule d'outrer les principes d'une politique déjà exagérée, mais qui exagère aussi son amour pour l'humanité! Quel dévouement, quand il vous croit innocent! Quel zèle s'il vous voit malheureux ! Nous lui devons tout. Et savez-vous

d'où vient son attachement pour Alexandre ?
de celui qu'il a pour ses principes. Une lecture assidue des journaux lui a donné pour
l'Assemblée constituante la plus haute estime :
quand il a su qu'un membre de cette Assemblée allait tomber sous la griffe de son comité,
il a demandé à s'en emparer et l'a facilement
obtenu. Vous savez le reste.

Ci-joint l'interrogatoire de mon mari, dans
lequel , comme vous le remarquerez , le ridicule le dispute à l'horrible : ce sont les deux
couleurs de l'époque.

Extrait sommaire de l'interrogatoire *du*
citoyen *Alexandre* Beauharnais.

Le Président. Qui es-tu ?

M. de Beauharnais. Homme et Français.

Le P. Pas de mauvaises plaisanteries : je te
demande ton nom ?

M. de B. Eugène-Alexandre de Beauharnais.

Un membre. Pas de de, s'il vous plaît; c'est
trop *aristocrate.*

M. de B. Vous voulez dire *féodal.* Il est certain qu'un nom sans particule est plus raisonnable. La faute, s'il y en a une , vient du temps
et de mes aïeux.

Un autre membre. Ah! tu as *des aïeux!* L'aveu est franc : cela est bon à savoir. Remarquez, citoyens, *qu'il a des aïeux*, et qu'il ne s'en cache pas. (Ici, neuf membres du comité, sur douze dont il est composé, se mettent à rire.) L'un des neuf qui, au milieu de la gaîté générale, a gardé son sérieux, dit d'une voix recueillie :

Imbécille, qui ne sait pas que *des aïeux* sont de vieux parchemins? Est-ce sa faute, à cet homme, si l'on n'a pas brûlé ses brevets? Citoyen, tu auras soin de les déposer au comité, et je t'assure qu'un beau feu de joie nous fera bientôt raison *de tes aïeux.*

A ces mots, un rire fou s'empare de l'honorable conseil, dans lequel le gros président a beaucoup de peine à rétablir le calme. Toutefois cette explosion d'hilarité l'ayant rendu plus facile, il dit poliment au *prévenu* :

Asseyez-vous, citoyen.

Un membre se levant avec vivacité : Je demande la parole. Je demande que le citoyen président soit rappelé à l'ordre pour avoir *voutoyé* le citoyen suspect. Pour être suspect et même incarcéré, il n'est pas dit qu'on soit coupable. Tant que le tribunal ne vous a pas mis hors la loi, on n'est pas indigne d'être tutoyé.

Il faut que *M. Violette* soit censuré pour n'a-voir pas été poli.

A la qualification de *Monsieur*, donnée au président, les rires, le bruit, le tumulte re-commencent. Celui qui les causait eut beau-coup de peine à comprendre pourquoi on les lui attribuait. Enfin l'ordre se rétablit, et mon mari saisit le premier moment de silence pour féliciter le comité des innocens motifs de ses discussions, et pour se féliciter lui-même d'a-voir pour juges des magistrats d'une humeur si joyeuse.

Le Président, avec une importante gravité: Prendrais-tu nos opérations pour des *farces?* Tu te tromperais prodigieusement. Le citoyen suspect a raison, mes collègues, en nous ap-pelant ses juges : cette qualification doit nous rendre à la gravité. Il était permis de rire jadis : aujourd'hui, l'on doit être sérieux.

M. de B. C'est ce qui distingue le nouveau régime de l'ancien.

Le P. Procédons donc sérieusement, et con-tinuons l'interrogatoire. Citoyen Jarbac, (l'un des secrétaires) y es-tu ? (A M. de Beauhar-nais.) Tes titres et qualités?

M. de B. Citoyen francais, général au ser-vice de la république,

Un membre. Président, il ne dit pas tout : c'est un ci-devant....

Un autre membre. Un prince ou un baron.

M. de B. souriant: *Vicomte*, si vous le permettez, c'est bien assez.

Le P. C'est beaucoup trop : ainsi tu avoues que tu es noble?

M. de B. J'avoue qu'on le disait de moi, et que je l'ai cru quelque temps sous le régime de l'ignorance, des habitudes et du préjugé.

Le P. Conviens que tu n'es pas entièrement désabusé?

M. de B. L'obstination de quelques hommes bornés à combattre une chimère lui conserve une sorte de réalité. Il y a long-temps que, pour moi, cette illusion s'est dissipée. La raison m'avait enseigné qu'il ne pouvait exister de distinctions que celles qui résultent des vertus, des services et des talens; une saine politique m'a démontré qu'il n'en devait point exister d'autres.

Le citoyen Névil. Voilà ce qui s'appelle raisonner principe!

Le P. Sans préjudice des conséquences. Celles dont le citoyen se fait gloire, où les a-t-il prises? A l'Assemblée constituante.

M. de B. Je me fais honneur d'en avoir fait partie.

Le P. Vous l'avez même présidée?

M. de B. Oui, citoyen, et à une époque à jamais mémorable.

Le P. C'était lors de la fuite du *tyran.*

M. de B. C'était lors du voyage de Louis xvi à Varennes et de son retour.

Un membre. Je parie que le citoyen ne croit pas que Louis Capet ait été un tyran?

M. de B. L'histoire l'expliquera et la postérité prononcera.

Le citoyen Névil. Il n'est pas question de ce que le citoyen Beauharnais pense, mais de ce qu'il a fait.

Le P. C'est juste, on ne pas plus juste. Voyons donc ce qu'a fait le citoyen Beauharnais.

M. de B. Rien; et, dans ces temps orageux, c'est, je crois, ce qu'il y avait de mieux.

Le P. Ainsi tu ne t'es prononcé pour aucun parti?

M. de B. Non, si vous entendez par partis les factions qui se haïssent; déchirent l'état et empêchent le règne des lois et l'affermissement de la république; mais si par parti, vous concevez l'immense majorité des Français, qui veut l'indépendance et la liberté, je suis de ce parti-là.

Un membre. Reste à savoir par quels moyens?

M. de B. J'aimerais mieux qu'on employât, pour persuader, ceux de la raison, pour convaincre, ceux du sentiment; contre l'anarchie tour-à-tour rusée et violente des factions, je crois cependant qu'il n'est pas défendu d'employer la force. Mais je demanderais qu'on en usât, sans en abuser, qu'on s'en servît rarement, et qu'on rendît à l'humanité tout ce qu'on peut ôter à la rigueur, sans compromettre le salut de l'état.

Un membre. (C'est le méchant vieillard chargé de l'arrestation de mon mari.) L'humanité, l'humanité! Dans certaines bouches, ce langage est suspect.

M. de B. Et doit l'être, s'il signifie la pitié pour les criminels de son opinion; mais il est respectable, si on l'invoque en faveur de l'inexpérience et de l'erreur.

Un membre. Voilà comme parlent tous *les modérés.*

M. de B. La modération est fille de la raison et mère de la force : pourquoi serai-je violent et convulsif, si, dans l'état de santé, je me sens vigoureux par le calme et puissant par la sagesse?

Le citoyen Névil. Je vous assure, citoyens, que ni Rousseau, ni Mably, ni Montesquieu n'ont rien écrit de plus sensé.

Un membre. Quels sont ces gens-là? Sont-ils de la section ?

Un autre membre. Ne vois-tu pas que ce sont *des feuillans*? Tout cela est *de la clique modérantiste*, et ne vaut pas le diable.

Le P. Vous tombez dans l'erreur, citoyens : ce sont des auteurs du siècle de Louis xvi, et dont on joue journellement les tragédies au Théâtre-Français.

(Ici le club révolutionnaire se partage en railleurs, qui croient avoir le droit de se moquer de leur président, et en raisonneurs qui appuient ou combattent la découverte dont il vient d'enrichir l'empire littéraire. M. de Beauharnais sourirait de la méprise, s'il ne soupirait en songeant à quels hommes est remis le sort des citoyens. Névil, en ramenant l'interrogatoire sur la droite ligne du bon sens, essaie de terminer une séance également ridicule et pénible. Après quelques questions, ou divergentes ou oiseuses, le président ne trouvant aucun fait à la charge de mon mari, conclut à son arrestation provisoire. On aura alors le temps d'en découvrir, dit-il, dans la prévoyance révolutionnaire ; et toi, citoyen, tu auras aussi le temps de te défendre. Si tu aimes ta patrie, tu la serviras aussi bien par ta résignation que par ton activité ; et si la liberté t'est chère, elle te le deviendra encore plus en prison. En conséquence, je t'y envoie, non comme coupable, Dieu m'en garde, mais comme pouvant le devenir : on t'écrouera sur les registres du Luxembourg, seulement avec cette apostille favorable : *Prévenu d'être suspect.*

LETTRE IV.

A la Même.

LA journée d'hier fut à la fois bien douce et bien pénible. Mon mari avait désiré de voir ses enfans, et par les soins de notre ange tutélaire, il l'avait obtenu. Mais pour épargner leur jeune sensibilité, je résolus de les lui envoyer d'abord, et Névil se chargea de les introduire. On leur avait dit, depuis quelques jours, que leur père étant malade, il s'était mis entre les mains d'un médecin fameux, lequel, à cause de la salubrité de l'air et de l'abandon des bâtimens, s'était logé au Luxembourg. La première entrevue se passa très-bien : seulement, Eugénie (1) remarqua que les appartemens de son papa étaient bien réduits et que les malades étaient bien nombreux.

(1) Aujourd'hui madame Hortense, duchesse de Saint-Leu, ex-reine de Hollande. Dans sa première jeunesse, on la nommait Eugénie.

Quand j'arrivai à mon tour, ils n'étaient pas chez leur père ; un honnête porte-clef, gagné par Névil, ayant eu la précaution de les tenir écartés. Ils étaient en visite chez des voisins touchés de leur jeunesse, de leur position et de leur ingénuité. Je craignais le spectacle de notre mutuel attendrissement ; il eut lieu, sans qu'ils en fussent témoins. Alexandre, qui supporte sa captivité avec courage, n'en eut pas d'abord contre mes larmes. Cependant, moi-même alarmée de le voir trop ému, je parvins à me calmer, et je le consolai à mon tour. Nos enfans reparurent, et ce fut une nouvelle crise, d'autant plus pénible, qu'il fallut en dissimuler la cause. Eugène, qui est la sincérité même, en fut la dupe assez long-temps, et, dans toute l'effusion de son cœur, vivement ému, il voulut nous persuader que nous avions tort de nous affliger, et que la maladie de son papa n'était pas dangereuse. Eugénie avait ce petit air boudeur et négatif que vous lui connaissez et qui lui va si bien : est-ce que tu crois que papa est malade, dit-elle à son frère ? Ce n'est pas au moins d'une maladie que le médecins guérissent. Que voulez vous dire, ma fille, dis-je alors, et pensez vous que votre père et moi, nous nous entendions pour vous

tromper? — Pardon, maman, mais je le pense.
—Oh! ma sœur, ce que tu dis là est bien singulier, interrompit vivement Eugène. — Il est, au
contraire tout simple et tout naturel. — Comment, mademoiselle, dis-je à mon tour, en
affectant de la sévérité? — Sans doute, continua
la petite rusée, n'est-il pas permis à de bons
parens de tromper leurs enfans, quand il s'a-
git de leur épargner des chagrins? A ces mots,
elle se jeta dans mes bras et passa l'un des
siens au coup de son papa. Le sourire et les
larmes se mêlèrent à cette petite scène, que
mon Eugène acheva d'attendrir encore par
ses caresses. Aimable et doux enfant, il a dans
le cœur autant de sensibilité que sa sœur a de
pénétration dans l'esprit : tous deux ont fait
jusqu'ici notre joie ; pourquoi faut-il que. dans
la crise actuelle, ils causent nos plus vives inquiétudes, et me donnent à moi personnelle-
ment je ne sais quel inexplicable chagrin ,
que je ne puis vaincre et que je puis à peine
combattre ?

Dans les visites que mes enfans avaient faites,
et par les discours que ma fille avait entendus
et recueillis, elle avait deviné que son père
était prisonnier. Nous avouâmes ce qu'il n'é-
tait plus possible de cacher. Et le motif, de-

mandait Eugénie ? Son frère, moins timide qu'à l'ordinaire, voulait aussi connaître la raison de cette rigueur. Il eut été bien difficile de les satisfaire. Etrange abus de la force, coupable et méprisable excès de l'arbitraire, qu'un enfant peut dénoncer, que tout le monde a le droit de punir! Oh! quand nous le pourrons, nous punirons tes dénonciateurs, s'écriait Eugénie. Taisez vous, ma fille, lui dit son père, si l'on vous entendait parler ainsi, je serais perdu, vous le seriez vous même, aussi bien que votre mère ; et nous n'aurions pas la consolation de l'être tout-à-fait injustement. Ne nous avez vous pas dit souvent, remarqua Eugène, qu'il était permis de résister à l'oppression ? Je vous le répète encore, répondit mon époux, mais la prudence doit accompagner la force ; et qui veut vaincre la tyrannie, doit bien se garder de l'avertir.

Peu à-peu la conversation prit un tour moins sérieux. On oublia le malheur présent, pour se livrer à de doux souvenirs et à des projets. Vous comprenez que dans ces derniers vous étiez pour beaucoup. Je veux infiniment de bonheur à ma tante, dit en riant Alexandre; cependant, comme on dit que les muses ne sont jamais si intéressantes que quand elles sont affligées, je souhaiterais à celle de ma tante quelques jours de captivité : il nous en reviendrait une belle élégie ; et la gloire du poëte, en immortalisant sa prison, le consolerait aisément du chagrin de l'avoir habitée. Que direz vous de ce souhait, ma chère tante? Peut être le jugerez vous dans vos véritables intérêts ; pour moi, qui aime encore plus votre personne que vos vers, je ne puis m'empêcher de faire un vœu contraire ; et dussiez vous ne jamais joindre votre nom à celui d'Ovide et de madame de la Suze, continuez d'écrire en prose et demeurez libre.

LETTRE V.

A la Même.

Il faut, ma bonne tante, que je recueille toutes mes forces pour vous faire part de la catastrophe qui vient de nous frapper; il faut que vous rassembliez toutes les vôtres pour l'entendre. Les réflexions que fit mon mari devant ses enfans, et que je vous ai transmises, ne vous ont point échappé : « Il est » permis, nous dit-il, de résister à l'oppres-» sion, c'est même un devoir; mais la pru-» dence doit guider la force, et qui veut dé-» jouer ou vaincre la tyrannie, doit bien se » garder de l'avertir. » De vous expliquer comment ces mots, que nous croyions en-tendus de nous seuls, ont été recueillis par des oreilles d'espions, c'est ce qui me serait difficile; et aujourd'hui que j'y réfléchis avec maturité, je ne puis m'expliquer cette révé-lation que par la supposition la plus horrible. Il serait nécessaire que Névil, devant lequel mon époux pense tout haut, fut un fourbe, un traître, un ingrat, en un mot que sous les apparences les plus attrayantes et les plus honnêtes, il cachât l'âme la plus atroce; car enfin, ce ne sont plus de simples relations officieuses qui nous lient, mais l'accord sympathique du cœur, la réunion des sentimens, l'ascendant du bienfait et le poids si léger et si doux de la reconnaissance. Vous sentez avec quelle indignation contre nous mêmes nous rejetons une hypothèse, qui pourtant s'est présentée à notre imagination inquiète; car l'une des plus tristes misères du malheur est de rendre d'abord injuste. J'ai cessé de l'être, en rendant à cet excellent jeune homme une confiance qu'il mérite mieux que jamais; car c'est encore à lui que je dois les détails que je vais vous transmettre.

Aussitôt que le comité révolutionnaire eut connaissance du discours de mon pauvre Alexandre, il interrompit toutes communications entre lui et les autres détenus, et ce qui nous consterna davantage, entre lui et sa famille. Le lendemain, il fut renfermé dans sa chambre, qui heureusement ouvre sur un petit corridor commun à une seconde pièce, maintenant innocupée, ce qui augmente du triple l'espace dans lequel il peut se promener. Deux jours après. ses portes furent ouvertes, et il reçut la visite bien imprévue d'un membre du comité de sûreté générale : c'était Vadier, son collègue à l'assemblée constituante, vieillard farouche et défiant, qui prend conseil de sa misanthropie habituelle, et pour qui les soupçons équivalent à des preuves. Au ton qu'il prit avec mon mari, celui-ci reconnut la prévention, devina l'animosité personnelle, et craignit de pénétrer plus avant. Pour moi, l'idée seule me fait frisonner, et si je m'y arrêtais un moment, je sens que l'effroi glacerait ma plume et mes esprits.

Sans demander par quel moyen vous avez soutiré cette pensée, lui dit Alexandre, je suis fort éloigné de désavouer la maxime qui la renferme et les principes qu'elle suppose. Cette pensée n'est-elle pas toute la théorie de la révolution? Cette maxime n'enseigne-t-elle pas une pratique à votre usage? Ces principes ne sont-ils pas les vôtres? — Je conviendrai de tout cela, répondit Vadier; mais les temps, les lieux, les personnes, changent tout; et telle vérité, excellente en spéculation, devient un poignard, quand on ne sait pas s'en servir. La vôtre est de ce nombre : c'est une arme à

deux tranchans, qu'on a bien fait de diriger
contre les ennemis de la liberté; mais s'il arri-
vait qu'eux-mêmes, blessés et non hors de
combat, essayassent de la retourner contre
ses défenseurs; si, dans cette manœuvre ré-
trograde et criminelle, ils étaient guidés par
une de ces mains qui les combattit, et qui, en
les protégeant aujourd'hui, voulut les venger
des blessures qu'ils reçurent autrefois?.. Cette
main, dites-le moi, serait-elle innocente? Les
intentions auxquelles elle obéirait seraient-
elles pures? et y aurait-il trop de sévérité
à en prévenir l'effet, plutôt que d'avoir à en
punir les conséquences? — Je reconnais, à
ces inductions dangereuses et peu méritées, la
doctrine du maître, répondit M. de Beauharnais : sur des hypothèses perfides, on élève,
comme on veut, l'échafaudage de toutes les
suppositions; et concluant du possible au positif, on livre l'innocent au supplice pour l'empêcher de devenir coupable. — Quiconque est
soupçonné n'est déjà plus innocent, dit le révolutionnaire; car, en révolution, quiconque
est soupçonné, mérite qu'on le soupçonne.—
Parlez plus franchement, répliqua votre neveu;
quiconque est innocent est bientôt soupçonné;
et s'il est prouvé qu'il soit vertueux, on le traite

bientôt en criminel. — Vous pressez la conséquence avec plus d'humeur que de raison, re-
prit Vadier; nous n'appelons criminel, nous ne
traitons comme tel que celui qui intervertit, arrête ou corrompt les principes de la révolution.
N'auriez-vous d'humeur que parce que, malgré nous, et même a notre insçu, cette doctrine
vous atteint? Malheur au coupable qui se livre
soi-même!—Malheur plutôt, s'écria mon époux,
malheur aux tyrans qui expliquent, ou plutôt
qui embrouillent par une métaphysique nébu-
leuse leur système homicide! On repousse aisément le glaive tout nu; et, comme disait le
président du Harlay, il y a loin du cœur de
l'homme de bien au poignard du scélérat. Mais,
comment éviter le couteau enveloppé des sub-
tilités du sophiste? Il faut se taire et tendre la
gorge. A ces mots, que je blâme beaucoup, le
vieux président du comité de sûreté générale
sortit; et Névil, qui écoutait dans le corridor,
crut remarquer sur sa physionomie naturellement sévère, je ne sais quelle expression
équivoque d'un très-mauvais augure.

Je vous tiendrai au courant, jour par jour,
des suites de cette affaire qui me livre aux plus
dévorantes inquiétudes.

LETTRE VI.

A la Même.

Des mesures de rigueur, d'abord commen-
cées contre Alexandre, se sont ensuite éten-
dues sur cinq à six des principaux détenus
avec lesquels on le suppose en relations; elles
ont fini par envelopper toute la partie du bâti-
ment qu'une cloison sépare du reste du palais.
La cour a été interdite aux habitans de cette
portion, lesquels ont été interrogés à plusieurs
reprises. Depuis hier, ils ne reçoivent personne; et comme cette interdiction n'était pas
connue, il en est résulté que le greffe et les
deux corridors qui y conduisent ont été remplis tout aujourd'hui de leurs parens et de leurs
amis, profondément alarmés sur leur sort. Un
bruit sinistre a bientôt circulé parmi les premiers qui, tremblans pour les jours de ceux
qui leur sont chers, ont rapporté dans leur famille les terreurs qui les tourmentaient. Je ne
sais ce qui arrivera de tout ce mouvement : il me

semble qu'un gouvernement, qui se livre à ce qu'on pourrait appeler des convulsions, se croit bien peu solide ; et tant de précautions décèlent plus de faiblesse et de peur, qu'elles ne montrent de force et de sécurité.

Ah ! ma tante, au milieu de ce trouble, que je vous sais bon gré d'être malade ! Quelque pénible que me soit votre absence, continuez à la prolonger. Votre tranquillité, qui m'est si chère, me dédommage un peu de mes souffrances ; et Alexandre me fait dire qu'il supporte patiemment toutes ces vexations, tant qu'il sait que nous ne les partageons pas.

LETTRE VII.

A la Même.

Un article du Journal du matin m'a glacé d'effroi ; et comme il vous parviendra demain, je me hâte de le faire précéder de son correctif. Vous y lirez : « Qu'une grande conspiration a
» été découverte dans la maison de réclusion
» du Luxembourg : l'avoir découverte et la
» signaler, ajoute le journaliste, c'est l'avoir
» déjouée et même anéantie. L'un des chefs
» paraît être le ci-devant vicomte de Beauhar-
» nais, membre de l'assemblée, dite consti-
» tuante, et l'un de ses présidens. Par ce qu'on
» a démêlé, dans les lettres interceptées, les
» papiers saisis et les interrogatoires subis, on
» peut comprendre qu'il ne s'agissait rien
» moins que d'opposer une résistance à l'ac-
» tion du gouvernement révolutionnaire. Cette
» résistance, d'abord d'intention, n'attendait
» vraisemblablement qu'une conjoncture fa-
» vorable pour devenir armée. Telle était la

» doctrine, et telle eut été la conduite des
» conjurés. Ils étaient servis dans leurs coupa-
» bles manœuvres par un jeune homme atta-
» ché à Beauharnais, et qui paraît avoir été
» placé au comité révolutionnaire de la sec-
» tion pour servir de patron aux conspirateurs.
» Grâces au citoyen Laflotte, ceux-ci voient
» déjà rompre leur trame *liberticide* : sous peu
» de jours, l'œil du gouvernement l'aura tota-
» ment démêlée, et sa main, armée pour
» consolider la république, n'aura pas tardé
» à punir ceux qui semblent ne vivre que pour
» la renverser. »

Ma chère tante réduira ces grandes phrases
à leur expression simple et vraie. La conspiration est imaginaire ; la dénonciation, attri-
buée en effet à un ex-ambassadeur en Toscane,
a produit les mouvemens que je vous ai racon-
tés, et qui probablement vont s'arrêter. Pourquoi continueraient-ils? On n'a rien découvert,
parce qu'il n'y avait rien à découvrir; on
n'aura point à punir des conspirateurs, parce
qu'il n'y a pas eu de conspiration. Il eût été
possible que, par défaut de renseignemens,
l'article du journal vous eût épouvantée : c'est
le premier effet qu'il a produit sur moi; mais
après un quart-d'heure de réflexion, et depuis

que j'écris cette lettre, il me rassure. A-t-on recours aux exagérations de l'imposture, lorsque l'exposé seul de la vérité suffit pour persuader ?

P. S. Je rouvre ma lettre pour vous annoncer que le citoyen Névil est arrêté : c'est ce qu'il me mande verbalement par une jeune personne, avec laquelle il est lié, et qu'il doit épouser. Cet incident bannit ma sécurité et me rend toutes mes terreurs.

LETTRE VIII.

A la Même.

C'est dommage que je ne sois pas plus disposée à rire, car les choses qui se passent, outre leur côté atroce, en ont un bien risible. Cette misérable affaire qui n'existe que dans la tête, et probablement dans les intérêts de ceux qui l'ont imaginée, prend une consistance dont j'ai lieu d'être effrayée : on commence à dire la *Conspiration du Luxembourg*, comme on a dit la conspiration de la Gironde, de Sainte-Amaranthe et de Danton. Par les affreux résultats qu'ont eus celles-ci, que ne dois-je pas redouter pour l'affaire qui m'intéresse ? on a mis à l'arrestation de ce pauvre Névil une sorte de solennité scandaleuse, comme on attache aux motifs qui l'ont déterminée une importance qui ne semble que ridicule, et que je crois scélérate. Je n'ose appuyer ma pensée sur des conjectures que peut-être la peur a inspirées ; mais où il n'y a rien, comment quelques yeux ont-ils découvert tout ? Depuis un certain temps on a parlé de l'embarras que causaient les prisonniers, des inquiétudes qui les tourmentent , des desirs qui les agitent , de leurs projets présumés, de leurs opinions devinées , et des moyens de correspondance prémédités ou établis entre eux et leurs parens. Des articles de gazettes , perfidement officieuses, ont insinué l'idée que peut-être l'époque allait arriver où la sévérité de la politique, tempérée par l'indulgence, permettrait l'ouverture des prisons; et sur le champ des libelles aussi atroces par leur doctrine soudoyée, que grossiers dans leur style , ont répondu qu'il y avait pour diminuer le nombre des prisonniers des moyens plus expéditifs. Voilà où nous en sommes : jugez si je dois trembler.

Depuis cinq jours , pas de nouvelles directes d'Alexandre ; je sais seulement par un porte-clef que sa tranquillité ni sa santé ne paraissent point altérées, et que pour charmer la solitude où l'on continue à le tenir, il lit beaucoup. Il a demandé un grand nombre de livres qui ont passé sans difficulté ; il n'en a pas été de même du papier blanc dont on a compté les feuilles ; il faudra qu'il rende compte de leur emploi.

Névil , dont en qualité de membre du comité , le gouvernement n'a pas dédaigné d'ordonner l'arrestation ; Névil est encore tenu plus sévèrement. Depuis quarante huit heures, il est au secret , et l'on n'a de lui aucun signe d'existence. Comme il a été surpris par ce coup impossible à prévoir , il n'a rien emporté avec lui , et l'on ne sait où lui envoyer ce dont il a besoin , car on ignore absolument le lieu de sa détention. Sa mère , la femme du monde la plus respectable , montre dans cet évènement une résignation qui n'exclut point la douleur , mais qui la tempère. La jeune et tendre amie de Névil s'abandonne à la sienne : prête à l'épouser , elle ne rougit point de montrer son amour en montrant son chagrin. Je leur ai promis de prendre des informations sur un homme qui m'intéresse presqu'autant qu'il les intéresse elles-mêmes. Pourquoi faut-il que je lui rende une partie des services que nous en avons reçus?

LETTRE IX.

A la Même.

LE croirez-vous , ma tante ? mes enfans viennent de subir un long et minutieux interrogatoire! Ce vieillard méchant, membre du comité, et duquel je vous ai déjà parlé, s'est transporté chez moi ; et, sous prétexte de s'inquiéter de mon mari et de m'en entretenir , il a fait causer mes enfans. J'avoue que d'abord j'ai été la dupe du stratagème : seulement je m'étonnais de l'affabilité du personnage ; mais bientôt elle s'est trahie par la malignité , par l'aigreur même, et de ce moment la ruse m'a été connue. Lorsqu'il a vu que je l'avais pénétré , il a cessé de feindre , et m'avouant qu'il était chargé d'obtenir de mes enfans des renseignemens d'autant plus certains qu'ils seraient plus ingénus , il a procédé à un interrogatoire en forme. Alors il s'est passé en moi une révolution inexplicable : j'ai senti que je pâlissais d'effroi, que je rougissais de colère , que je tremblais d'indignation. J'allais exprimer au vieux révolutionnaire toute celle qu'il m'inspirait, quand il m'a invitée à le laisser seul avec mes enfans. Il a enfermé Eugénie dans un cabinet, et a commencé à questionner son frère. Le tour de ma fille est venu : Oh! pour celle-ci, dans laquelle il a reconnu une finesse prématurée et une pénétration fort au-dessus de son âge, il l'a tenue long-temps. Après les avoir sondés sur nos discours, nos opinions, les visites et les lettres que nous recevions, surtout sur les actions dont ils avaient pu être témoins, il a abordé la question capitale, je veux dire le propos tenu par Alexandre. Mes enfans, chacun selon son caractère, ont très-bien répondu, et malgré la subtilité d'un méchant qui veut trouver des coupables, l'ingénuité de mon fils et la spirituelle adresse de sa sœur ont déconcerté la fourberie, s'ils ne l'ont pas confondue. Que fera-t-on de cet interrogatoire ? tel que la vérité le dicta à des bouches sincères, il ne peut servir qu'au triomphe de l'innocence et à la honte de ses accusateurs : oseront-ils le produire s'il doit leur causer ce double échec ?

Toujours le même silence sur ce malheureux Névil : malgré ma répugnance, je me suis décidée à demander audience à un membre du comité de sûreté générale , Louis (du Bas-Rhin) , dont on dit moins de mal que de ses collègues. Votre neveu m'avait expressément défendu de voir ces hommes qu'il regarde comme les bourreaux de notre patrie ; mais il n'a pu me défendre de solliciter par reconnaissance et en faveur de l'amitié.

LETTRE X.

A la Même.

Louis (du Bas-Rhin), que je n'ai fait qu'entrevoir, m'a paru honnête, et je ne le crois pas insensible. L'accent de la pitié semble ne pas trouver dans son cœur un étranger qui la repousse, encore moins un barbare qui s'en irrite ; mais précisément ces qualités qui le recommandent auprès des opprimés, deviennent des vices et lui nuisent auprès des oppresseurs. Il a peu de crédit ; et après avoir écouté ma réclamation, il n'a pu y faire droit, et m'a conduite près de son collègue chargé de la police des prisons. Celui-ci, la malice dans les yeux et la moquerie sur la bouche, m'a fait un compliment ironique sur l'intérêt que je témoignais à Névil. C'est un jeune et joli garçon, a-t-il ajouté, il est dans l'ordre qu'il soit protégé par une femme jeune et jolie. Si elle lui montre de la sensibilité, le temps vien-

dra peut-être où il pourra lui prouver sa reconnaissance. Je ne l'ai vu qu'un moment;
mais à la seule inspection , j'ai jugé qu'il
était en fonds pour cela. Au surplus, a-t-il
continué, son interrogatoire étant fini , son
affaire ne me regarde plus : vous allez, citoyenne, vous transporter dans les bureaux du
citoyen Prosper Sijas qui jugera si l'on peut
vous accorder une permission. Je l'y invite ,
car c'est vraiment un crime de tenir si long-
temps éloignés l'un de l'autre deux jeunes
gens qui ne demandent qu'à être réunis.
Après cette impertinence à laquelle je ne ré-
pondis rien , il me donna une carte pour le
chef de bureaux qu'il venait de nommer. Oh !
pour ce dernier, ce fut toute autre chose. A
ma grande satisfaction et à mon grand étonnement, je trouvai dans M. Sijas toute l'urba-
nité qu'on peut désirer dans un homme du
monde , jointe à toute l'instruction de détail
qu'on a le droit d'attendre d'un commis. Il
m'apprit que malgré l'interrogatoire qu'il
avait déjà subi, le citoyen Névil était encore au
dépôt du comité de sûreté générale. Comme
on suppose qu'il a des révélations à faire , on
a jugé convenable de l'y garder afin de l'avoir
sous la main. J'en suis peinée, pour lui d'abord

qui en souffre plus que personne , ensuite pour vous, madame , dont il paraît avoir le bonheur d'exciter l'intérêt. Voilà votre permission pour communiquer avec lui ; vous remarquerez qu'elle ne tolère ces communications qu'en présence d'un témoin ; mais cette *échancrure* que j'ajoute a le pouvoir ou de rendre le témoin invisible , si d'ailleurs la circonstance s'y prête , ou de le rendre aveugle et sourd , si elle s'y refuse. Avouez , ma bonne tante , qu'on ne saurait être plus aimable que M. Prosper Sijas ; il est bien déplacé dans ce repaire , et pourtant ce serait un meurtre qu'il n'y fût pas.

Des bureaux du comité , je descendis à l'hôtel de Brionne , sous la porte duquel est placé le dépôt. Vous croirez difficilement qu'on a poussé la négligence , je devrais dire l'atrocité , au point d'établir ce dépôt dans une loge basse , étroite, obscure, qui, par une lucarne maillée , reçoit à peine un jour douteux , et qui, ayant pour voisinage immédiat une fosse d'aisance , est dominée par les conduits d'une pompe sans cesse jaillissante. C'est dans ce réduit ténébreux, humide et infect, que dix à douze malheureux , inconnus les uns aux autres , sont entassés sur une surface de 15 pieds carrés, n'ont d'autre lit que quelques planches exhaussées sur le sol de 3o pouces, et s'empoisonnent de leurs émanations sans cesse repompées, tandis qu'ils enveniment les maux de leur âme par des confidences douloureuses. Là, gémissait Névil, qu'on en fit sortir à son grand étonnement, et qui me reconnut à sa vive satisfaction.

Il est bien vrai qu'il a été interrogé, mais moins sur ce qui concerne mon époux, que sur ce qui se passe au Luxembourg. Et comme il ne s'y passe rien, il en résulte que si les questions ont été multipliées, les réponses ont été rares et sobres. Il s'attend à de nouvelles demandes.

LETTRE XI.

A la Même.

JE commence cette lettre à l'aventure, et sans savoir si elle vous parviendra. Avant-hier mardi, la mère de Névil entra chez moi, avec l'expression du chagrin, de la douleur même sur la physionomie. Sur-le-champ, mon idée se porta à son fils. Ce n'est pas sur lui que je pleure, me dit cette bonne femme en sanglottant: quoiqu'il soit au secret, je ne tremble pas pour ses jours; il est d'une classe à laquelle on pardonne, ou plutôt qu'on oublie; et d'autres sont plus exposés que lui. D'autres ?.. Ma pensée sauta tout-à-coup au Luxembourg : Alexandre, m'écriai-je en pâlissant, Alexandre est au tribunal? — Rassurez-vous, il n'est pas question de Monsieur.— Je ne voyais plus alors pour qui il fallait m'alarmer. Ma pauvre bonne femme, avec beaucoup de précautions, m'expliqua que c'était pour moi : je devins tranquille tout-à-coup. Après avoir tremblé pour ce qu'on aime, mon Dieu, qu'il est doux de n'avoir plus peur que pour soi!

Hier soir, je trouvai une lettre anonyme qui m'avertissait du danger. J'aurais pu fuir; mais où aller, sans compromettre mon mari? Décidée à attendre, je m'entourai de mes enfans, et dans leurs innocentes caresses, j'aurais presqu'oublié mes adversités, si leur présence même ne m'avait plus vivement retracé l'absence de leur père. Le sommeil les arracha de mes bras, dont il semblait qu'un instinct plus tendre les rapprochait encore davantage. Hélas! l'amour qui unit une mère à ses enfans a aussi ses superstitions, et je ne sais quels pressentimens invincibles nous plongeaient tous trois dans une terreur stupide. Jugez, si restée seule, je pus écarter ce pénible sentiment! Le ciel m'est témoin cependant que les trois êtres chéris qui font tout mon bonheur, font aussi toute ma peine : comment songer à moi, dès qu'ils sont menacés ?

Je continuais à me plonger dans ces réflexions, quand un grand bruit se fit entendre à la porte de l'hôtel. Je compris que mon heure était venue; et trouvant dans l'inévitable coup qui m'allait frapper, le courage nécessaire pour le souffrir, je me résignai. Tandis que le tumulte croissait , je passai dans la chambre de mes enfans : ils dormaient! Et ce contraste de leur sécurité avec le trouble de leur mère , fit couler mes larmes. Hélas! en déposant sur le front de ma fille peut-être mon dernier baiser, elle les sentit ces larmes maternelles ; et, toute endormie, passant autour de mon cou ses bras caressans : couche-toi, me dit-elle à demi-voix , et ne crains rien; ils ne viendront pas cette nuit. Je l'ai demandé à Dieu. Cependant on entrait en foule dans mon appartement, où à la tête d'hommes farouches et armés , je trouvai ce même président, que la faiblesse rend inhumain , et auquel la paresse donne tant de préventions. Celles qu'il avait contre moi lui parurent justifier mon arrestation. Sans examen, comme sans probabilité, je vis qu'il croyait fermement à ce qu'on a l'audacieuse bétise de nommer la conspiration du Luxembourg. Quand la sotise est réunie à la méchanceté, mon Dieu , qu'elles font de mal !

Je vous épargne des détails inutiles : en voilà déjà trop de douloureux. Qu'il vous suffise de savoir que , les scellés apposés sur les meubles fermans à clef, j'ai été conduite dans la maison de détention des Carmes. Oh ! quels frissons j'ai ressentis, en franchissant ce seuil encore teint du sang des victimes! Ah! ma respectable tante! Que de crimes sont prêts à commettre des hommes qui n'ont pas puni ces crimes!

———

LETTRE XII.

A la Même.

Avec les beaux fruits que vous m'avez envoyés, ma bonne tante, j'ai reçu l'ingénieux billet renfermé dans l'un d'eux. Mes enfans sont donc avec vous! Dieu soit loué, c'est pour mon cœur un grand point de repos. Pourquoi mon mari n'est-il pas avec eux ! Je n'ai pas de ses nouvelles; je n'en ai point de Névil; et la mère de ce dernier n'a pu obtenir encore la permission de me voir. Jugez de mes inquiétudes! Tout s'empresse autour de moi pour me les faire oublier. Mais le cœur d'une épouse, d'une mère, quand il est meurtri, peut-il s'ouvrir si aisément à l'espérance et aux consolations ?

LETTRE XIII.

Au Citoyen Prosper Sijas.

J'apprends, citoyen, que vous êtes chargé de préparer le rapport que le représentant Louis (du Bas-Rhin) doit faire au comité de sûreté générale, sur l'affaire du général Beauharnais : j'en remercie le ciel ; et si je connaissais celui qui vous a remis cette besogne, je l'en remercierais plus expressément. Qu'on m'ait confié le choix d'un juge, c'est sur vous, citoyen, qu'il serait tombé. J'avais ouï parler de vous ; et toujours votre nom avait été accompagné de ces épithètes honorables, mais senties, que la flatterie ne trouverait pas, qui peut-être sont inspirées par la reconnaissance, mais qui, par là, s'accordent si bien avec l'humanité. Depuis, le hasard, ou plutôt le ciel moins sévère, m'a mis un instant en relation avec vous : cet instant m'a suffi pour com-

prendre que le témoignage de vos obligés
s'accordait avec la vérité. Et moi aussi, je suis
devenue l'une de vos nombreuses obligées ; et
moi aussi, j'ai à joindre ma voix à celle des
malheureux auxquels vous auriez voulu faire
oublier leurs calamités. Toutefois, vous n'i-
gnorez pas que les miennes s'augmentent et
s'enveniment d'autant de jours que mon époux
n'est point jugé. Car ce n'est plus sa liberté
qu'il sollicite, c'est son jugement qu'il demande ; et si j'avais l'avantage de vous entretenir verbalement, je vous dirais qu'il l'exige.
Un brave militaire en a le droit, lorsqu'il est
accusé d'un délit qui compromet son honneur.
Alexandre Beauharnais conspirateur ! Un des
fondateurs de la liberté méditant sa ruine ! Celui
qui, parmi cent autres, fut distingué pour préparer la république , essayant de la renverser !
Vous ne l'avez jamais cru, citoyen, et ceux qui
l'accusent ne le croyent pas plus que vous. Mais
l'important est que ses juges ne le croyent pas
d'avantage. Qu'ils vous entendent, et ils seront
dissuadés. Ne leur dites même pas que son
épouse, aussi innocente que lui, gémit loin de
lui, sous des verroux autres que les siens :
voilà ce que vous ignoreriez toujours, s'il ne
me fallait pas vous en instruire. Mais oubliez

la mère persécutée et ses enfans dispersés
pour ne vous occuper que du père, de l'époux,
ou plutôt du soldat, du citoyen digne de re-
couvrer l'honneur et la liberté.

LETTRE XIV.

Au Citoyen DORAT CUBIÈRES.

C'est à vous, mon ami, que je dois la primeur d'un récit auquel vous êtes intéressé, puisque ce sont vos sollicitations qui ont amené l'évènement qui en est le sujet. Prosper Sijas, nommé depuis cinq jours adjoint au Ministère de la guerre, avait obtenu que mon mari fût entendu en plein comité; il ne voulait pas que son innocence, appuyée par sa présence, ne fît un effet décisif sur les membres du gouvernement, qui sont, pour la plupart, ses anciens collégues. Vous, mon ami, de votre côté, vous aviez demandé que le même comité m'interrogeât, et votre demande n'avait pas été vaine. Remarquez toutefois que j'ignorais le succès de l'une et de l'autre, et que mon Alexandre ignorait jusqu'à leur existence. Transférée des Carmes dans les bureaux du comité, j'attendais dans une antichambre qu'on m'appelât, lorsqu'à mon inexprimable étonnement, je vois entrer Alexandre. Lui, de son côté, n'éprouve pas moins de surprise; mais ni lui, ni moi, ne savions encore s'il fallait nous livrer à l'espérance. Pourtant, le bonheur d'être réunis nous procura un de ces rares momens de félicité qui suffisent pour adoucir, pour faire oublier une année d'infortune. Nous en jouissions avec une ivresse, que les indifférens nommeraient puérile, quand elle fût interrompue par celui même qui, sans s'en douter, l'avait occasionnée. C'était le citoyen Sijas, dont les nouvelles fonctions ont amené, dans les bureaux du comité, un changement qui nous fut momentanément défavorable. Ce n'est plus Louis qui est chargé du rapport; et il eut été imprudent de paraître devant un nouveau rapporteur peu instruit et mal prévenu. C'est ce que venait apprendre à mon mari le nouvel adjoint de la guerre. Je fis, de cet avertissement, mon profit personnel, et me promis de ne solliciter une audience que dans un moment plus opportun. Celle-ci du moins n'avait pas été tout-à-fait inutile, puisqu'elle nous avait réunis. Mais dans quels lieux, et dans quels momens! Je ne sais ce qu'aura pensé de moi mon pauvre Alexandre; pour moi, je l'ai trouvé bien pâle, bien maigre et

bien changé. Quant à son humeur, c'est toujours la même : le plus aimable et le plus
aimant des hommes. Mais de la résignation,
du courage, des discours héroïques, et une
conduite plus magnanime encore. Il avait
avait pleuré de joie en me revoyant : quand
il fallut se séparer, ce ne fut plus que calme et
fermeté. Il m'embrassa en ami plus qu'en
époux, et me recommanda ses enfans. Tant
de tranquillité va bien à tant d'innocence.
Pourtant je m'afflige que ces gens du comité
ne l'aient pas vu : auraient-ils résisté à cet
ascendant de la vertu?

LETTRE XV.

A Eugène et Eugénie ses Enfans.

Vos deux billets, quoique sous la même date, me sont parvenus à trois jours de distance l'un de l'autre. Ils sont bien jolis, vos petits billets, mes bons enfans, et si votre tante ne m'assurait qu'elle n'y est pour rien, j'aurais cru y reconnaître la main de *la Fée.* Mais si elle n'a pas écrit les billets, c'est elle au moins qui fait la conduite, et à la votre, je reconnais son amabilité et sa bonté. Votre père sera aussi charmé que moi. Vous trouvez juste de nous donner des consolations, tandis que les méchans nous persécutent : ceux-ci passeront et seront punis ; vous, mes bons enfans, serez récompensés de votre bon cœur par notre félicité.

Mettez vous aux deux côtes de *la Fée* et baisez là. pour votre père et pour moi, à qui mieux mieux.

LETTRE XVI.

Au Citoyen PROSPER SIJAS.

CITOYEN ,

Quoiqu'aucune fonction spéciale ne vous attache plus au comité , vous y avez conservé l'influence qu'on ne s'aurait refuser aux talens et à la vertu ; et peut être, est-il vrai de dire que jamais vous n'y fûtes d'avantage, que depuis que vous n'y êtes plus rien. Par cette considération , je crois devoir vous tenir informé de ce qui vient d'avoir lieu dans notre affaire : c'est un double interrogatoire du citoyen Névil et moi, ou plutôt c'est une confrontation dont je n'ai pas besoin de faire ressortir l'esprit et l'intention, pour que vous même les fassiez remarquer au comité. Comme cet interrogatoire a été subi dans les formes et sous la transcription d'un secrétaire , je m'en suis fait délivrer copie, et c'est elle que je vous envoye.

Au moment où j'entrai dans le cabinet du

(89)

commissaire (le citoyen Jarbac , membre du
comité révolutionnaire de la section), le citoyen
Névil était présent. Avec quel plaisir je l'aurais
revu, s'il eut été libre, et si ç'eut été dans
d'autres instans ! A mon aspect, il se leva, me
salua profondément , et m'adressant un de ces
regards significatifs qui expriment tant de
choses dans ses yeux, il dit seulement et très-
intelligiblement : Je te le repète , citoyen , je
ne dirai rien , parce que je ne sais rien , et je
ne sais rien , parce qu'il n'y a rien. De façon,
continua le commissaire d'un ton goguenard ,
que toute cette affaire se réduit *à rien.* C'est ce
que nous allons examiner.

Après les premières questions préliminaires,
il s'établit entre le révolutionnaire, Névil et
moi , le collogue que je transcris.

Jarbac : Il y a en révolution un principe :
les conspirations ne se prouvent pas. Pourquoi?
parce qu'on les médite , sans les confier; parce
qu'on les organise, sans les écrire ; parce qu'on
les execute , sans en laisser les traces. En cas
de revers , les conspirateurs se taisent , et la
conspiration semble mourir dans leur silence.
En cas de succès , ils se montrent , parlent et
se vantent. De criminels qu'ils eussent été , les
voilà des héros. En fait de complots politiques ,

la chute ou la victoire fait le grand homme ou le coupable. Cependant la maladresse peut créer entre eux un troisième degré. L'indiscrétion, qui est plus qu'un crime, puisqu'elle est une faute, ne condamne pas toujours l'indiscret; mais elle trahit, elle livre, elle déconcerte la conspiration. Sur une indiscrétion, une conspiration peut donc se deviner. Reste à savoir si l'indiscret est à punir. De cette petite théorie, que dit la citoyenne Beauharnais?

Madame de Beauharnais. Que pour en parler, j'attends à la comprendre.

Jarbac. Quoi! si pénétrante et si réservée! Vous le serez peut-être moins, lorsque vous saurez qu'il est question de votre mari.

Mad. de B. Quel rapport mon mari peut-il avoir entre les trois degrés qu'il vous plaît d'établir dans une conspiration?

Jarbac. J'ai dit parmi les conspirateurs : le citoyen Névil va vous l'expliquer.

Névil. J'ignore s'il y a conspiration; je suis certain que le général Beauharnais n'est point conspirateur; mais on l'accuse, selon votre expression, d'avoir fait *suinter* la conspiration.

Jarbac. Donc elle existe.

Névil. Vous le prétendez.

Jarbac. Et il le prouve. Citoyen Névil, tout se réduit à un mot décisif : a-t-il tenu le propos qu'on lui impute ?

Névil. C'est un lieu commun ; et si des maximes décelaient un conspirateur, Mably, Rousseau, Montesquieu seraient remplis de conspirations.

Jarbac. Il ne s'agit point de Rousseau, de Montesquieu, de Mably, qui, par parenthèse, auraient bien pu être des conspirateurs, car ils eussent été de méchans révolutionnaires ; il s'agit d'Alexandre Beauharnais. Vous voyez, citoyenne, que le citoyen Névil ne dément pas le propos qu'on lui impute.

Mad. de B. Le citoyen Névil ne le dément, ni ne l'affirme, ni surtout n'en tire aucune conséquence défavorable à mon époux.

Jarbac. Je le crois bien, puisqu'il est son complice.

Névil. Qui vous permet de préjuger qu'il y a des complices, lorsqu'il n'est pas jugé qu'il y a un coupable ?

Jarbac. Eh ! quels coupables et quels complices avouèrent d'abord qu'ils l'étaient, qu'ils pouvaient l'être ? En matière de révolution surtout, les plus criminels échapperaient à la peine, si la conviction morale ne suffisait pas pour les y condamner.

Mad. de B. Mais cette conviction peut-être déterminée par l'intérêt, altérée par la passion, faussée par l'ignorance ou le préjugé?

Jarbac. Cela est parfaitement juste. J'en conclurai donc que ma conviction relative au citoyen Beauharnais est bien légitime, car elle est bien désintéressée. Dans lui j'eusse désiré trouver un innocent, quand tout m'y fait découvrir un coupable.

Mad. de B. Remarquez donc, citoyen, que vous prouvez la conspiration par un propos et le propos par la conspiration!

Jarbac. Vous pouvez ajouter que je trouve le coupable dans le silence et le complice dans la dénégation. Croyez-vous que les délits révolutionnaires se démontrent positivement? C'est bien le cas de citer l'adage grammatical, deux négations équivalent à une affirmation.

Névil: Cette doctrine envoyeà l'échaffaud la majorité de la république.

Jarbac: Robespierre disait, il y a quelques jours, que la vertu était en minorité sur la terre.

Madame de Beauharnais: Ah! mon époux est sauvé!

Jarnac: La question est maintenant de savoir si un noble peut être vertueux.

Névil: Autant vaudrait demander s'il peut être homme.

Ici, ce prétendu interrogatoire, ou plutôt cette controverse, fut interrompue par l'arrivée d'une nouvelle proie. Névil fut emmené d'un côté, moi de l'autre, et reconduite aux Carmes, mais avec l'opinion que de la déraison même de ces singulières procédures devait résulter la sécurité des accusés. Tous ces préjugés révolutionnaires me paraissent à moi leur sauve-garde. Pour me rassurer, je me plais à croire que vous penserez comme moi, et que ceux des membres éclairés du comité auxquels vous ferez lire ce fatras, se hâteront d'arracher la hache à des assassins sophistes et à des bourreaux métaphysiciens.

LETTRE XVII.

A Madame PARCKER, à Londres.

Voici, ma chère amie, deux contrastes qu'on ne remarque guères, quoiqu'ils arrivent tous les jours, et dont il me prend fantaisie de causer un moment avec vous. Hier soir, de bonnes nouvelles de la santé de mes enfans ; aujourd'hui des espérances dans l'affaire de mon mari : quoi de plus favorable à l'appétit, au sommeil, à la bonne humeur ? Aussi la mienne n'est-elle plus si maussade ; et pour la rendre tout-à-fait agréable, je vais m'entretenir avec vous.

Vous êtes jeune, riche, belle, spirituelle, adorée d'un époux aimable, et recherchée par une société qui applaudit à vos talens et sait en jouir : pourquoi donc n'êtes-vous pas heureuse ? j'ai peu de fortune, moins encore de beauté, nulles prétentions, pas d'espérances : comment puis-je goûter quelque félicité ? De graves philosophes disserteraient long-temps pour résoudre cette question , et le problême se compliquerait, si j'ajoutais : l'une est dans le pays de l'indépendance et jouit de sa liberté, cependant elle pleure; l'autre végète sur une terre de servitude , et quoiqu'en prison elle est tranquille. Expliquer cette opposition par la différence des caractères , c'est moins détruire la difficulté qu'en reculer l'éclaircissement; car, d'où vient la différence des caractères?

Ma chère Clara obéit au sien, en me contant ses peines qu'elle exagère; moi, je cède à mon cœur, en l'entretenant de ce qu'une autre appellerait ses peines aussi, et que depuis deux jours , l'espérance revenue dans toutes mes facultés, me fait qualifier de plaisirs.

Savez-vous , ma bonne amie , ce qui dans un lieu tel que celui-ci les produit sans cesse ces plaisirs presque toujours doux et vifs par fois ? deux petites combinaisons qui se sont arrangées d'elles-mêmes : la parodie de la vie du grand monde et la simplicité de la retraite. Ceci demande une explication :

Dans les commencemens, la maison occupée par des grands seignenrs , avait vu transférer sous ses verroux toute la majesté des sallons de l'ancienne cour , et par conséquent tout l'ennui qui l'accompagne. L'augmentation des habitans amena celle des visites, des assemblées priées, des étiquettes, et de tout le cérémonial inventé pour farder les dégoûts de la grandeur. A la vue de ces pompes mesquines et de cette dignité en miniature, de nouveaux venus imaginèrent de les faire tomber en les livrant au ridicule. Il ne fallait pour cela que les exagérer : en conséquence, une gravité de commande enveloppa les actes les plus indifférens ; on s'abordait à pas comptés ; on se donnait le bon jour en déclamant ; et le ton montant peu à peu jusqu'au diapazon de la morgue, s'il est permis de parler ainsi, on en vint à donner à ce qu'il y a de plus commun dans la vie domestique, l'importance du roman et l'emphase de la tragédie. Toute cette pretentaille eut déjà été bien ridicule à Versailles où au faubourg Saint-Germain ; jugez si elle dut sembler extravagante dans le réduit d'une étroite prison. Quelques bons esprits comprirent que pour en bannir l'ennui, qui n'avait pas manqué d'escorter ces chimères, il ne fallait que rappeler la raison, mais une raison aimable, assaisonnée d'esprit, guidée par le bon goût, et d'où renaîtrait celui de la modestie et de la simplicité. Les talons rouges , les perruques à trois marteaux se liguèrent contre la révolution naissante, établirent une lutte qu'ils soutinrent quelque temps avec avantage , et ne cédèrent qu'après avoir fait la plus belle défense. C'était l'époque de leur défaite , lorsque j'arrivai.

Alors , la plus grande liberté succéda à l'esclavage de l'étiquette : on s'occupa moins de convenance et beaucoup plus d'égards. Les noms antiques, les titres fastueux continuèrent à recevoir des hommages d'habitudes; mais ceux du sentiment furent décernés aux qualités sociales, aux talens dont profitait la réunion , aux vertus qui étaient ses modèles. Il ne faut pas demander si ceux à qui il ne restait que des prétentions traitèrent de révolutionnaires les novateurs à qui le mérite avait acquis des droits.

Telle est aujourd'hui la situation des esprits. Parmi cent soixante détenus qui composent la maison, cinq à six sociétés particulières se sont associées par la ressemblance des goûts , des caractères, des opinions; quelques-unes, plus intimes, sont unies par des affections plus tendres ; et celles-là, isolées et silentieuses , se mêlent peu aux plaisirs des autres, qu'elles ne troublent jamais. Pour moi,

7

indépendamment d'un certain nombre de connaissances et d'amis que j'ai retrouvés, je vois tout le monde et trouve partout des cœurs à plaindre et des infortunés à consoler. Cela me rappelle que vous vous croyez du nombre de ces derniers, ma chère Clara, et qu'à ce titre, vous avez le droit d'exiger de moi ce que je prodigue aux autres. Pourtant, vous n'aurez aujourd'hui de moi que la certitude d'une amélioration très-prochaine dans ma destinée : n'en est-ce pas assez pour rendre la vôtre heureuse, au moins quelques instans ?

LETTRE XVIII.

A VICTORINE.

CE serait faire injure à ma bonne Victorine que de lui recommander le zèle, la promptitude et le secret. Dans l'apposition des scellés faite sur tous les meubles de l'appartement de mon mari; on n'a pu les mettre sur un des côtés de son grand secrétaire, parce qne le tiroir qui y est pratiqué a son ouverture perdue dans les veines de l'acajou. Perpendiculairement à celle de ces veines qui simule une losange nuancée de brun et de mort-doré, à un demi-pouce du recouvrement inférieur, est un orifice garni d'une ligature de fer non saillante et carrée, parfaitement semblable, mais en creux, à une cheville de piano. Effective-ment, au centre de cette ouverture, est une petite broche de fer, que fait mouvoir et tour-ner la clef de cet instrument. Victorine prendra celle du mien, ouvrira le secret, et, ayant trouvé dans le tiroir un rouleau de papiers lié par un ruban bleu, elle mettra ce rouleau en lieu de sûreté. Il y a aussi dans le tiroir une tabatière avec mon portrait, qu'elle pourra joindre au premier envoi pour le Luxembourg. Dans celui que j'attends, ma bonne Victorine n'oubliera pas les nouveaux ouvrages que Desenne a fait remettre chez moi : je lui en recommande surtout un qui a pour titre : *Le Vieux Cordelier.*

Je suppose que mon absence n'a rien dérangé dans l'ordre des distributions : je veux qu'elles aient lieu comme à l'ordinaire. Victorine donnera deux portions à la mère Marguerite, parce que j'ai appris qu'il lui était survenu un petit fils, ce dont elle ne me parlerait pas.

LETTRE XIX.

Au Citoyen Alexandre BEAUHARNAIS.

SERAIT-IL vrai que le ciel s'adoucit, et que le gouvernement, devenu plus fort, mît un terme à la sévérité et lui fît succéder la clémence? Depuis avant-hier, les précautions de rigueur se sont relâchées; et non seulement on communique les uns avec les autres, mais on communique au dehors après une inspection fort superficielle. Le bruit s'acrédite que Saint-Just a eu une altercation fort vive avec plusieurs membres du comité au sujet de Robespierre : celui-ci, ajoute-t-on, veut changer de système; sa politique, lasse de supplice, trouve dans celle de certains collègues, un obstacle invincible. Saint-Just est un jeune homme plein de ce mérite rare, qu'on remarque une fois en vingt ans; et nous avons mille fois déploré la fatalité qui l'entraînait dans une route aussi dangereuse que cruelle.

(102)

Rien de moins étonnant non plus que de voir Robespierre revenu à des sentimens plus doux. Celui qui, à la suite d'un long égarement, a osé proclamer un Dieu à la face des impies, ne saurait porter un cœur féroce. On dit, qu'à la suite de cette querelle, qui lui fait beaucoup d'honneur, il s'est banni des comités, rejetant par-là sur ses collègues tout l'odieux d'une sanguinaire administration. Mais l'influence de cet événement n'a été perdu ni pour ceux qui espèrent, ni pour ceux qui souffrent. On a d'abord éprouvé ici une joie qui participait autant de la surprise que de l'enthousiasme. Peu-à-peu ces premiers transports se sont calmés, et je ne sais quelle sécurité plus tranquille, quoiqu'aussi douce, leur a succédé. Ne partagez vous pas, mon ami, cette quiétude et ces espérances ? Les miennes seront plus vives et plus entières si vous les approuvez.

On annonce, comme un événement, l'apparition d'une brochure de Camille Desmoulins, et peut-être déjà en avez vous connaissance. On dit que, sous l'allégorie transparente de la cour de Tibère, il peint les cruautés de nos jours : c'est bien hardi; mais on ajoute qu'il écrit sous la dictée de Robespierre; et dans ce cas, sa témérité n'est pas dangereuse.

Desenne a fait remettre à l'hôtel deux exemplaires de cet ouvrage, et il y en a un pour mon cher Alexandre. Puisse-t-il vous faire passer une bonne nuit !

LETTRE XX.

A Eugénie de Beauharnais.

Je serais bien satisfaite du bon cœur d'Eugénie, si je n'étais pas si mécontente de sa mauvaise tête. Quoi, ma fille, c'est sans la permission de ma tante que vous êtes venu à Paris ! que dis-je, c'est contre son gré ! c'est fort mal. Mais c'était pour me voir, direz-vous : vous savez bien qu'on ne me voit pas sans permission, et que pour l'obtenir, il faut du temps et des démarches que la pauvre Victorine est bien lasse de faire. Et puis, vous vous embarquez dans la cariole de M. Darcet, au risque de le gêner et de retarder le transport de ses marchandises : tout cela n'est guère sensé. Mon enfant, il ne suffit pas de faire le bien, il faut encore le bien faire ; et à votre âge, la première vertu, c'est la confiance et la docilité. Je suis donc obligée de vous dire que je préfère le tranquille attachement de votre frère

à votre empressement déplacé. Cela n'empêche
pas que je ne vous embrasse , mais moins tendrement, je crois , que je ne le ferai , quand
j'aurai appris votre retour à Fontainebleau.

LETTRE XXI.

De M. de BEAUHARNAIS.

PAUVRE amie, quelle erreur est la tienne ! l'espérance t'abuse ; mais au temps où nous vivons, l'espérance trompe et trahit. J'ai lu attentivement l'ouvrage de Camille : c'est celui d'un homme de bien, mais d'une dupe. Il écrit, dis-tu, sous la dictée de Robespierre : c'est possible ; mais après l'avoir poussé, le tyran le sacrifiera. Je le connais, moi, cet opiniâtre qui ne recule devant aucune difficulté, et qui pour le triomphe de son détestable système, jouera, s'il le faut, le rôle d'un homme à sentimens. Robespierre, dans la conviction de son orgueil, se croit appelé à régénérer la France ; et comme ses vues sont courtes et son cœur froid, il ne voit de régénération réelle que dans un bain de sang. C'est que c'est la plus facile ; car les victimes sont parquées, et le boucher n'a qu'à étendre la main pour les traîner à la boucherie. Cependant quelques-unes,

avant d'expirer, ont jeté un cri lamentable;
et c'est ce cri que le crédule Camille est chargé
de reproduire pour tâter l'opinion. Quel que
soit son vœu, elle trouvera une opposition ,
dont le tyran s'emparera pour s'immoler de
nouveaux sacrifices. A quelques détails près,
voilà sa tactique. Il m'est affreux, ma tendre
Joséphine, de détruire l'illusion de ton cœur ;
mais puis-je en conserver, moi qui ai vu de si
près les manœuvres de la tyrannie ? Quand on
ne peut lui opposer une force qui la brise, il
n'est plus qu'un moyen de lui résister : c'est de
recevoir ses coups avec une vertu qui la dé-
shonore. Nos successeurs au moins profiteront
de l'exemple, et le testament des proscrits ne
sera pas perdu pour l'humanité.

LETTRE XXII.

Au docteur PORTAL.

Eh! vîte, docteur, courez au comité de surveillance, où l'on vous délivrera une permission pour entrer au Luxembourg. Là, vous trouverez l'un de vos abonnés qui, malgré sa situation, n'a pas oublié qu'il a pris avec vous l'engagement d'être malade, au moins quinze jours par année. La maladie est arrivée, et l'engagement va être rempli; mais pas plus de quinze jours, entendez-vous, docteur; vous m'en répondrez sur votre tête. Ce serait beaucoup trop, s'il était libre; mais en prison, la maladie fait passer le temps, quand elle ne tue pas le malade; et un médecin aimable amuse l'un et l'autre.

LETTRE XXIII.

Au Citoyen Alexandre BEAUHARNAIS.

Nous n'avons point oublié cette malheureuse fille d'auberge des environs de Rouen, laquelle abandonnée par l'amant qui l'avait séduite, devint folle, et s'en allait, chaque jour, redemandant son ingrat aux voyageurs de la route. Le bon Marsollier nous fit bien pleurer, il y a quelques années, sur les infortunes de la pauvre délaissée; et notre tout aimable d'Aleyrac les a popularisées dans des chants qu'on redira toujours. Eh! bien, mon ami, il y a dans cette maison un jeune homme qui, mieux que Nina, je crois, pourrait devenir l'intéressant sujet d'un drame. C'est un Anglais nommé *Tomy*, qu'un habitué de Saint-Sulpice avait pris en affection, et auquel il avait donné tous les principes d'une éducation chrétienne. Je dis chrétienne dans toute l'étendue du mot; car le digne abbé Capdeville, aussi tolérant que pieux, n'avait fait du jeune homme que son élève, et n'avait pas même songé à en

faire son prosélyte; persuadé que la religion,
dans une conscience pure, s'insinue douce-
ment par l'exemple, et ne se prescrit point par
les maximes. Celles qu'il inculquait à l'Anglais
étaient puisées dans une charité universelle,
dont d'ailleurs il était lui-même le touchant
modèle. Tomy, orphelin, délaissé, devait à
cet éclésiastique toutes les sortes d'existence ;
mais doué d'une pénétration prompte et d'une
ardente sensibilité, il lui devait surtout cette
vie intellectuelle et morale, qui centuple nos
facultés. Celles du jeune homme avaient pour
la musique une aptitude remarquable. Sa voix
douce, quoique sans éclat, s'unissait flexible-
ment à plusieurs instrumens; et les progrès
qu'il faisait chaque jour sur la harpe, permet-
taient de présager que bientôt il enseignerait
aux autres ce qu'il savait si bien lui-même.
Telle était la situation des choses, quand les
suites du fatal 10 août poussèrent dans les
prisons presque tous les prêtres, qui n'avaient
pas fait le serment à la constitution. L'abbé
Capdeville, persuadé que les prêtres doivent
obéir aux puissances, ainsi que le prescrit
l'Evangile, avait juré et était soumis, sinon de
cœur, au moins par devoir, à l'autorité. Il
n'avait donc à redouter aucune mesure per-

sonnelle à cet égard. Mais, diocésain du vénérable archevêque d'Arles, toujours protégé
par lui, comment l'aurait-il abandonné dans
cet éminent danger? Par suite de ce dévouement, les révolutionnaires de la section, qui
n'y avait vu ou voulu voir que de la complicité,
avaient prononcé sa réclusion aux Carmes,
où, quelques jours après, Tomy l'avait suivi.
Ils y étaient, lorsqu'arriva l'horrible 2 sep-
tembre.

Je vous épargne, mon ami, le tableau du
massacre qui eut lieu dans cette maison, dans
l'église même qui nous sert de préau, et à
quelques toises de laquelle je vous écris. Au
fond de cette église, sont encore entassés les
débris de l'autel, devant lequel l'archevêque
d'Arles, assis dans un vieux fauteuil, à cause
de son grand âge, donnait sa dernière bénédiction à ses compagnons prosternés. Capdeville, à genoux, récitait d'une voix tranquille
les prières des agonisans, auxquelles répondait en dedans un chœur de martyrs, et au
dehors, les hurlemens d'une horde d'assassins
prêts à s'enivrer de leur sang. Tomy, d'abord
fort agité, parcourait la maison dans tous les
sens, s'arrêtant pour écouter, pleurant par intervalles, et poussant des cris lugubres. Quel-

ques voisins, qu'une pitié courageuse avait fait
entrer, voulurent le sauver, et favorisaient sa
fuite ; mais, revenu près de son maître, ou
plutôt son ami, il s'y fixa obstinément, et refusa de s'en séparer. Enfin les brigands, ayant
enfoncé les portes et brisé des vitraux, péné-
trèrent par plusieurs points ; et bientôt le
pavé de l'église et les degrés du sanctuaire
furent inondés de sang. Capdeville, frappé
immédiatement après son archevêque, tomba
à ses pieds, et tendant une main à demi frac-
turée à Tomy, il expira en le regardant. Déjà
ce jeune homme, ou plutôt cet enfant, puisqu'il n'a pas seize ans aujourd'hui, venait de
donner des signes non équivoques d'aliénation :
à la chûte de son ami, sa démence parut com-
plète. Le malheureux Capdeville, séparé de
ses compagnons de martyre, avait la tête appuyée sur une marche supérieure de l'autel, le
corps étendu sur celles d'au-dessous, une
main sur la poitrine, et l'autre, comme je l'ai
dit, étendue vers son élève. Le coup qui lui
avait donné une mort rapide, n'avait pas effacé l'expression habituelle de bienveillance
répandue sur sa douce physionomie. Il semblait sourire et sommeiller ; de manière que,
par je ne sais quelle subite altération de juge-

ment, Tomy fut convaincu qu'il dormait. Aussitôt, comme si par un enchantement soudain,
toute cette scène de carnage avait disparu, il s'a-
genouilla près de ce corps sanglant, et attendit
son réveil. Après trois heures d'attente, et
comme le soleil quittait l'horison, Tomy alla
chercher sa harpe, et s'établit auprès des restes
de son ami, en jouant des airs mélancoliques.
Cependant le sommeil le gagna lui-même, et
les mains charitables qui soustrayèrent aux
spoliateurs les corps des martyrs, enlevèrent
Tomy, et le portèrent sur son lit. Il y demeura quarante-huit heures d'un sommeil
léthargique, dont pourtant il sortit avec toutes
les apparences de la santé et du bon sens.
Mais si l'une lui était conservée, l'autre ne lui
fut jamais rendu. Par commisération pour sa
pieuse démence, on lui a accordé une rési-
dence libre dans cette maison, où il est en
silence, jusqu'à ce que chaque journée ramène
la troisième heure du soir. Aussitôt qu'elle
sonne, Tomy, qui se promène ordinairement
avec lenteur, court chercher sa harpe, sur laquelle, appuyé contre les débris de l'autel, il
joue les airs qui plaisaient à son ami. A six
heures et demie, il termine brusquement,
s'agenouille, paraît examiner avec une dou-

loureuse attention, se lève en soupirant, se
retire avec précaution, et dit à la personne
qu'il rencontre la première : « Il dort encore
» aujourd'hui ; ce sera pour demain. »

LETTRE XXIV.

De M. de BEAUHARNAIS.

Votre histoire est bien touchante, ma bonne amie, et le petit Tomy bien intéressant. Après avoir lu plus d'une fois, en mon particulier, votre lettre, j'en ai fait part à la société; et comme moi, chacun l'a loué comme il le mérite, c'est-à-dire, lui a donné des larmes. Toute la France lui en donnerait s'il était connu; et combien il mérite de l'être! Quel contraste avec les crimes du temps! Mais les époques des grands attentats sont aussi celles des hautes vertus. Pour l'exemple, celle de Tomy ne doit pas demeurer ignorée. Nous avons ici des talens qui se plairont à la rendre célèbre : l'un se prépare à tracer son image; l'autre lui consacrera des vers; et ce petit monument, offert sans prétention à un public naturellement sensible, commencera peut-être la fortune de l'orphelin. Que je serais heureux, pour ma part, si, en y contribuant un peu abondam-

ment, je pouvais l'attacher à celle de mon fils !
Eugène porte en son cœur le germe de toutes
les vertus ; et combien ce germe serait fécondé
par l'exemple de celui qui poussa jusqu'à l'excès l'attachement et la reconnaissance ! Ne per-
dez pas de vue cette idée, ma bonne Joséphine :
elle sourira bien agréablement à vos inclinations
bienfaisantes ; et si jamais elle se réalise, nous
aurons remporté, de la période la plus épi-
neuse de notre vie, le monument le plus rare
et le souvenir le plus chéri.

Mon oppression diminue de jour en jour : ce
n'était qu'un gros rhume fixé sur la poitrine par
l'irritation inséparable de ma situation. A la vue
du docteur, tout cela se dissipe ; et quand je
lis vos lettres, ma Joséphine, il me semble que
tout cela n'a jamais existé.

LETTRE XXV.

Au Citoyen BEAUHARNAIS.

OH! pour cette fois, mon ami, vous prendrez de mes almanachs! Le troisième et le quatrième cahier du *Vieux Cordelier* ont commencé à vous persuader; mais que direz-vous de celui-ci? Je m'empresse de vous l'envoyer tout humide : on se l'arrache, on le divise pour le lire par morceaux; on pleure en le lisant, on s'embrasse après l'avoir lu. La moitié de nos détenus ont commandé des fêtes, des parties de campagne, des ameublemens nouveaux. Hier, madame de Sabran a fait venir un maquignon, avec lequel elle a conclu le renouvellement de son écurie. De son côté, le vieux du Merbion, avec lequel vous vous rappelez d'avoir chassé au Raincy, fait venir d'Ecosse six couples de furets comme on n'en vit jamais. Enfin les fournisseurs de toutes espèces sont retenus pour le mois; et quand nous sortirons, je ne sais si nous trouverons

un morceau de pain. La mère de Névil partage nos espérances et ma joie ; et vous, mon
cher Alexandre, vous ne les détruirez pas par
une prévoyance cruelle, une défiance mal
fondée, et tous les sinistres présages qu'inspi-
rent trop d'expérience, le souvenir d'une famille et l'aspect des verroux.

Au revoir, mon ami, je ne vous embrasse
pas aujourd'hui sur un froid papier, parce que
je me réserve de vous prodiguer bientôt des
baisers plus réels.

P. S. J'écris à ma tante pour lui faire part de
l'heureuse nouvelle. J'écris aussi à mes enfans,
et j'annonce à mon Eugène un camarade digne
de lui : Tomy consent à demeurer chez nous ;
mais il y met pour condition expresse que :
« Le 2 de chaque mois, à 3 heures du soir, il
» viendra, par les accords de sa harpe, char-
» mer les songes de son ami *endormi pour*
» *tout le temps de la révolution.* » Pauvre
Tomy ! qui ne s'attendrirait à un délire si touchant !

LETTRE XXVI.

A Madame FANNY de BEAUHARNAIS.

COMME tout ce qui sait lire en France, j'ai l'honneur de vous connaître, madame; mais je n'ai point celui d'être connue de vous. Quand je devrais préluder à cette correspondance par des éloges, pourquoi faut-il que je la commence par des pleurs? Hélas! dans ce moment, les vôtres coulent; car les derniers journaux sont tombés sous vos yeux, et le sort de M. de Beauharnais vous est connu. Celui de sa malheureuse épouse redouble vos chagrins par les inquiétudes qu'elle vous cause. Rassurez-vous, madame : sa santé, fortement ébranlée par cette affreuse secousse, est pourtant moins menacée que la tranquillité de son âme, que la tendresse de son cœur. Elle resta deux jours sans connaître l'épouvantable catastrophe : par un billet que lui avait écrit monsieur votre neveu, elle savait sa translation à la Conciergerie, et sa comparution prochaine au tribunal. Mais l'espérance avait rempli toutes ses facultés, et il n'y restait plus de place pour la crainte : ce qui eut fait trembler tout autre , la rassurait. Elle demeura long-temps dans cette illusion, qu'un grand nombre en effet avait partagée ; mais que les nouveaux évènemens commençaient à dissiper. Il était bien pénible de l'entendre nous entretenir de son amour, de ses projets, quand celui qui en était l'objet ne pouvait plus en jouir. A la fin cependant, on ne souriait plus ; on gardait le silence ; on soupirait, en se détournant ; et plus d'une larme involontaire s'échappait de nos yeux. Cependant on avait soustrait à ceux de madame votre nièce les horribles journaux du 8 : elle les demanda, d'abord sans y attacher beaucoup d'importance, et n'insista qu'à cause des pré-textes, des délais et des refus. Ces derniers lui firent soupçonner la cruelle vérité, que notre silence et nos sanglots lui confirmèrent. Ce premier coup amena un long évanouissement, dont elle ne sortit que pour s'abandonner au plus légitime comme au plus violent désespoir. Tant d'espérances frustrées! tant de félicité évanouie! Nous ne cherchâmes point à la consoler, persuadés que la douleur trouve son terme dans son excès. Effectivement, celle de madame de Beauharnais, plus profonde sans doute, mais moins éclatante, jouit, pour ainsi dire d'elle-même, et se change peu à peu en mélancolie. Triste bénéfice du temps, qui ne diminue nos maux que pour les éterniser!

UNE JOURNÉE

DE

L'IMPÉRATRICE JOSÉPHINE.

« Monsieur Desprez, me dit un jour Sa Majesté l'Impératrice, je viens de lire la vie de la princesse Charlotte de Lorraine ; elle m'a édifiée. Cette princesse était une petite bourgeoise de Commercy, laquelle, son sac à ouvrage au bras, allait s'établir alternativement chez chaque habitant de sa souveraineté : là, durant six heures que durait la séance, elle écoutait toutes les paroles, observait toutes les actions, voulait qu'on dît toutes ses pensées, qu'on fît toutes ses volontés, et qu'on oubliât qu'elle était là. A ce moyen, et par celui de ses nombreuses questions, elle parvenait à la connaissance de la vérité, et se ménageait le moyen de *bien faire le bien.* Que de bien en effet elle opéra ! Mariages assortis, divorces prévenus , filles garanties et dotées, jeunes prêtres établis, artistes et artisans encouragés, négocians et laboureurs secourus : tous lui durent leur existence, presque tous leur honneur, un grand nombre sa fortune. Quelques-uns de ses obligés manquèrent pourtant la leur, pour n'avoir pas voulu répondre cathégoriquement aux intarissables demandes de leur souveraine; car il faut avouer que la bonne dame était cruellement curieuse et questionneuse. C'était son unique travers; toutefois elle le justifiait, puisque, sans ce travers, elle n'aurait rien appris, et qu'elle ne voulait être bienfaisante qu'en connaissance de cause. La police, disait-elle quelquefois, a des yeux de lynx pour rechercher le mal; pourquoi n'a-t-elle que des yeux de taupe pour découvrir le bien? Dans ses visites, elle allait toujous à pied, suivie d'un seul domestique vieux et infirme, qui portait sa chienne plus infirme que lui. Un jour que la pluie et sa chaise-à-porteurs délabrée ne lui avaient pas permis de sortir de son palais, elle dit : je n'ai point fait de bien, j'ai perdu ma journée. M. Renaud d'Ubexi, son conseiller-privé, répliqua : Votre Majesté ressemble à Titus, et parle comme lui. Je ne sais ce que vous voulez dire, interrompit Madame

Royale qui, de tous les livres que le cardinal de Retz avait accumulés à Commercy, ne lisait que ses *Heures* ; quel était ce Titus ? — C'était, répondit M. d'Ubexi, un empereur romain qui faisait du bien par habitude, autant que par vertu, et qui n'en ayant point fait un seul jour, dit, comme Votre Altesse Royale : j'ai perdu ma journée. — Cet empereur raisonnait juste. Pour moi, quand je passe un jour sans visiter mes amis et sans secourir les malheureux, j'ai mal à la tête, comme quand je n'ai pas pris de café.

« Le mot est gentil, ajouta Joséphine, et le sentiment qui l'inspira est bien respectable. C'était une digne femme que cette princesse Charlotte, et il me prend fantaisie de l'imiter. — Votre Majesté la surpasse de beaucoup en bienfaits, comme elle la surpasse en puissance. — Vous ne m'entendez pas, chevalier ; je veux dire que, comme elle, je veux faire de petites visites, de longs entretiens, et partout où il y a un infortuné, laisser un bienfait. — Ce projet est digne de votre cœur. — L'empereur est absent ; me voilà seule à Malmaison : dès demain, je l'exécute. La bienfaisance est un remède à l'ennui. — Ah ! comme Votre Majesté va s'amuser ! — Et, dès le soir, je don-

nai des ordres pour notre course philantropi-
que du lendemain.

Le lendemain, le petit lever fut court, et la
première toilette sommaire. J'ai dormi tout
d'une pièce, me dit Joséphine, en me voyant,
et je me suis réveillée de bonne humeur. Le
seul projet de faire du bien porte avec soi sa
récompense.

Au milieu de la toilette, il y eut un petit
incident. Mademoiselle Despeaux avait envoyé
la veille un bonnet de point d'une grande
beauté, mais d'une forme si bizarre, qu'elle
en était ridicule : c'était sur la recommandation
de madame Marçay, l'une des femmes de Sa
Majesté ; et madame Marçay, debout devant
l'impératrice, attendait avec anxiété l'effet de
son invention. Le bonnet essayé, ce ne fut
qu'un éclat de rire général, que le respect ar-
rêta bien vîte ; mais le coup était porté. Joséphine seule et madame Marçay ne riaient pas.
La première se décoiffant avec rapidité : j'ai
l'air d'une folle, s'écria-t-elle avec impatience
et presque de l'humeur ; et il faut que vous le
soyez, ajoute-t-elle, en se tournant vers sa
femme-de-chambre, pour commander un bonnet aussi extravagant. Je crois que la pauvre
madame Marçay ouvrait la bouche pour justi-

fier son choix, mademoiselle Despeaux et le bonnet; mais l'embarras pour le remplacer augmentant la mauvaise humeur qu'il causait, Sa Majesté lui imposa silence avec vivacité. Sur sa réputation, je m'en étais fait une fête, dit-elle, et, dans nos courses d'aujourd'hui, je l'aurais mis sous ma capote écossaise. Ce souvenir ayant apparemment donné un autre cours à ses idées, elle jeta les yeux sur madame Marçay, qui, toute consternée, et derrière madame de Lucay, avalait sa honte, et subissait son arrêt. L'impératrice tenait encore le malheureux bonnet. A peine eut-elle levé les yeux sur sa femme-de-chambre, que les ramenant sur lui : mais, dit-elle, en souriant imperceptiblement, il n'est peut-être pas si ridicule qu'il en a l'air; à peine l'ai-je essayé. A ces mots, elle le replace, l'ajuste, le trouve bien, très-bien, et tout le monde de répéter qu'il est bien, qu'il n'est pas mal, qu'il est à merveille. Alors l'impératrice tend la main à madame Marçay, et veut que ce soit elle qui achève de la coiffer. Joséphine déclara qu'elle était *enchantée* du bonnet, qu'elle le garderait toute la journée, et on le surnomma *le caprice de bienfaisance.*

Parmi les lettres et les billets du matin, il

y en eut quelques-uns qui la firent sourire , un qui la fit rire aux éclats , un autre qu'elle lut d'abord avec assez de négligence , puis avec un intérêt toujours croissant et enfin terminé par des larmes. Le travail de la toilette était suspendu. Cela est bien touchant, dit Sa Majesté, en achevant de mettre du rouge, tenez, chevalier , vous nous lirez cela pendant le déjeûner. Après nous partirons. Madame de la Rochefoucault lui rappela qu'après déjeûner, il y avait une audience. Ne pourrions-nous la remettre à demain, demanda timidement Joséphine? J'ai hâte de faire du bien comme la princesse Charlotte. Ah ! répondit madame de la Rochefoucault, pour cela, Votre Majesté n'a que faire de sortir de son palais , elle est bienfaisante partout , et partout il y a des infortunés.

Pendant le déjeûner , je lus ce qui suit :

A Sa Majesté l'Impératrice et Reine.

» C'est Elisabeth Valazier , une pauvre orphéline du canton de Nanterre , qui se jette aux pieds de Votre Majesté , en qui on lui dit tous les jours qu'elle retrouvera la mère qu'elle a perdue , et à qui elle redemande sa sœur et son amant. De ce dernier, elle a l'intention de faire son époux , ainsi qu'il s'y est engagé devant Dieu et avec elle ; et sans cela oserait-elle le réclamer ? Mais pour que Jean-Baptiste Brotteaux tienne ses sermens à Elisabeth Valazier, il faut que Madeleine Valazier, femme Giroux, rompe ceux qu'elle a faits à Jean-Baptiste Brotteaux, dégage Jean-Baptiste Brotteaux de ceux qu'elle a exigés et retourne de bonne foi et de bonne amitié à son mari Etienne Giroux. Par cet arrangement, si difficile que Votre Majesté seule peut en venir à bout, elle aura fait quatre heureux qui la béniront, aussi bien que les enfans qu'ils se proposent de mettre au monde, tant pour défendre la patrie et servir S. M. l'empereur, si ce sont des garçons, que pour chanter les louanges de la mère des pauvres et des malheureux, si ce sont des filles. Voici les faits qui mettront à même Votre Majesté d'agir avec toute l'autorité d'une souveraine, sans négliger toute la bonté d'une mère. En écrivant ce dernier mot, les larmes me roulent dans les yeux ; et il me semble que je vais confier mes chagrins à feu ma pauvre mère, Catherine Bejard, femme Valazier, dont je vais chaque dimanche honorer la mémoire, en priant sur sa fosse dans le cimetierre de la paroisse. »

» J'avais quinze ans, moins deux mois,

quand elle mourut, et jusqu'à lors je ne l'avais pas quittée, lui tenant lieu d'aide dans le petit tracas du ménage, depuis le mariage de ma sœur Madeleine, plus âgée que moi de quatre ans, et qui a épousé, comme j'ai eu l'honneur de le dire à Votre Majesté, un garçon fort rangé de Saint-Germain-en-Laye, tonnelier de son état, et nommé Etienne Giroux. A cette époque, je veux dire à la mort de ma mère, j'allai passer trois mois d'hyver à Saint-Germain, et j'y vis, chez mon beau frère, le nommé Jean-Baptiste Brotteaux, qu'on appelait *Baptiste* tout court, et qui serait le meilleur garçon du monde, s'il n'était pas si crédule, et un peu trop timide. Durant les longues soirées d'hyver, sa journée faite, ce pauvre garçon venait jouer avec les fileuses qui se rassemblent dans une étable, et où ma sœur m'avait conduite. Viennent aussi bon nombre d'ouvriers, la plupart jeunes et joyeux, mais tous honnêtes et rangés. Pour jeune, Baptiste l'est; car à l'heure qu'il est, il n'a pas vingt ans, et à sa grande douceur de fille, comme à sa figure aussi douce, on ne lui en donnerait pas dix-huit; mais pour joyeux, il ne l'était point, il ne l'est pas davantage, car, outre qu'il est naturellement taciturne, il avait des motifs de chagrin, et ce sont ces motifs , qui sont aussi les miens , qu'il est bon que V. M. connaisse , afin de les faire cesser. »

» Votre Majesté saura donc qu'Etienne Giroux , le mari de ma sœur , est un homme sans façon , qui aime sa femme sans le lui dire , travaille tout le jour et ne vient jamais aux veillées , ne défendant point d'ailleurs à ses garçons d'y aller, pourvu qu'ils se trouvent le lendemain de bonne heure à la boutique, et s'en reposant sur la vertu de sa femme de sa conduite. Ce serait mal à moi de soupçonner celle de ma sœur ; mais puis-je m'empêcher de redire ce que Baptiste m'a raconté plus d'une fois ; et ne faut-il pas que V. M. soit instruite de la vérité? »

» Or , la vérité est , qu'avant mon arrivée dans la maison de mon beau-frère , Baptiste était taciturne et soucieux; que quelques jours après mon apparition, il commença à parler , mais devint plus inquiet ; et qu'après quelques semaines de conversations et d'entrevues, il me conta ses chagrins , en échange de la con-fiance que je lui avais marquée , en lui contant mes peines. »

» Madeleine, peu satisfaite de son bourru mari, n'avait pu voir Baptiste sans le lui trou-

ver préférable ; mais plus vertueuse que sensible , c'était par des regards continuels et des
attentions multipliées , qu'elle exprimait son
inclination. Dans les commencemens, Baptiste
recevait tout cela avec un certain plaisir,
même avec reconnaissance ; mais il ne se dou-
tait de rien : ce ne fut que depuis mon arrivée,
et même depuis la familiarité qui s'établit entre
lui et moi, qu'il commença à soupçonner
quelque chose. Alors ses craintes augmentè-
rent avec ses doutes ; et devenu plus triste que
jamais, il retomba également dans sa taticur-
nité. Nous voilà donc tous trois fort embarras-
sés les uns vis-à-vis des autres, n'osant parler,
ne pouvant nous taire : Madeleine pleurant
tout bas , Baptiste soupirant tout haut , et moi
me hasardant, une fois chaque quart d'heure,
de lever les yeux sur Baptiste, que ma sœur
couvrait des siens. Au milieu de ce trouble,
Etienne Giroux était tranquille.

» Cette situation ne pouvait durer : Baptiste
voulut en sortir par un coup décisif, mais à sa
manière , sans bruit et presque sans parole. Il
me dit un soir : Je serai demain matin à trois
heures et demie à la boutique , car la vendange
approche et l'ouvrage presse : n'avez-vous rien
à raccommoder ? Je ne comprenais pas et le

regardai. Je vous demande, ajouta-t-il avec un peu de vivacité, si, dans les raccommodages dont vous êtes chargée, il n'y en a pas quelques-uns de pressans? Je le regardai de nouveau; il était pâle et presque pleurant : Oui, oui, répondis-je, sans trop savoir ce que je disais, il y a le grand rideau de serge de la chambre haute... Il devrait être raccommodé. Demain de bonne heure je descendrai à la boutique. — De bonne heure, murmura Baptiste à demi-voix ! — Serait-ce trop tard à cinq heures, demandai-je en hésitant? — A cinq heures, interrompit-il avec vivacité, il ne sera plus temps. Je le regardai avec effroi; il y avait du désespoir dans ses yeux, et des larmes coulaient sur ses joues pâles et tremblantes. — J'y serai à trois heures, m'écriai-je tout d'un temps : Ah! Baptiste, que vous me faites de mal! Je m'enfuis à ces mots, en cachant dans mon tablier mon visage couvert de larmes; et je l'entendis qui se retirait de son côté en sanglottant.

» Votre Majesté peut juger si je dormis. A deux heures j'étais sur pied; à moins de trois dans la boutique, où il n'arriva que long-temps après. Il parut d'abord étonné de me voir sans occupation, car j'avais oublié le rideau; mais

je le fus, à mon tour, bien davantage de le
voir en habit de voyage, avec des guêtres, un
bâton à la main, et sous le bras, un paquet
qu'il jeta sur l'établi. Je me sentis pâlir et
prête à défaillir : — Que veulent dire ces apprêts, m'écriai-je? — Que je pars à l'instant.
Je n'ai pas voulu quitter cette maison sans
vous dire mes motifs et vous faire mes adieux.
Je m'étais assise toute tremblante : — Mais
quels motifs?.. — Je vous aime, Elisabeth!...
— Je le sais, Baptiste, et moi je vous aime
aussi. — Est-il possible? Quoi, vous m'aime-
riez? — Ne vous l'ai-je pas dit? — Jamais ;
mais j'avoue que je m'en suis douté. — Quel
effort!.. Mais pourquoi partez-vous? — Parce
que nous nous aimons. — Il me semble pourtant que c'est un motif pour demeurer. — Et
qu'*une autre* m'aime. — *Une autre !* je m'en
suis doutée à mon tour. — Et qu'il ne m'est
pas permis de l'aimer. — Bien entendu. —
Mais que, d'un autre côté, la reconnaissance
m'empêche de la haïr. — La reconnaissance !
— Elle a tout fait pour moi : j'étais malade,
j'étais nu, quand je me présentai ici. Etienne
ne voulait pas d'un ouvrier à qui il fallait
quinze jours pour se refaire. Madeleine le dé-
termina à me recevoir. — Ah! elle travaillait

pour elle et contre moi. — Soyez juste, Elisabeth, je ne vous connaissais pas. — Cela est
possible; mais le remarqueriez-vous, si vous
ne l'aimiez point? — Je vous jure, Elisabeth,
que je n'aime que vous. A ces mots, un cri
douloureux se fait entendre : c'est Madeleine
qui a tout entendu; Madeleine éplorée, qui
gémit également d'aimer et de n'être pas aimée,
de trouver dans sa sœur une rivale préférée, et
de causer le départ de celui qui la dédaigne.
— Qu'il t'aime, me dit-elle avec désespoir,
qu'il me haïsse même; mais qu'il reste!.. Soudain, elle s'élance sur un instrument tranchant
et veut s'y précipiter. Je pousse un cri terrible,
et demande comme une grâce à Baptiste de
différer son voyage. Il ne le voulait pas, pré-
voyant, disait-il, de plus funestes conséquences.
Du bruit que nous entendîmes ayant annoncé
le réveil du mari, il fallut faire cesser une
scène qui, nous ayant à tous trois expliqué
notre secret, amena les suites que Votre Majesté va voir.

» Au bout de huit jours, mon père écrivit
pour redemander sa fille : je crus deviner d'où
le coup était part; mais il fallut obéir. Baptiste me jura une fidélité à toute épreuve; et il
n'y avait pas trois semaines que j'étais de re-

tour à Nanterre, lorsque je vis arriver mon beau-frère Etienne qui allait en pélerinage à Notre-Dame de Bon-Secours, près de Nancy. Il nous dit que sa femme était grosse, et que, comme plusieurs accidens lui faisaient redouter une fausse-couche, elle l'avait décidé à aller invoquer le secours de celle qu'on n'implore jamais en vain. Je n'ai laissé que Baptiste à la maison, ajouta Etienne Giroux, et je l'y ai laissé fort triste ; car le pauvre garçon s'accorde assez mal avec ma femme ; et tant que durera mon absence, je ne le vois pas heureux. Ce langage montrait assez l'illusion d'un mari ; mais par qui était-elle produite ?

Le dimanche suivant, en sortant de vêpres, je vois une main qui m'offre de l'eau bénite, et en levant les yeux, je reconnais Baptiste. Il était prodigieusement changé, plus triste encore qu'à l'ordinaire, et paraissait souffrir. Il me précéda de quelques pas au cimetière, et gagna, par un détour, la fosse de ma mère, où j'étais agenouillée. Où nous retrouvons-nous, lui dis-je, quand il n'y eut plus personne autour de nous ! — Où il faut, répondit-il. Votre mère va entendre mes sermens, et si elle ne reçoit pas les vôtres, j'irai la rejoindre. — Pouvez-vous être assez dur pour me parler ainsi? — J'ai été malade, bien malade, je le suis encore : c'est un langage naturel à un mourant. — Vous me dites cela de sang-froid! — Il ne tient qu'à vous que je vive. — Mais, que faut-il faire? — M'épouser. — Le méritez-vous? — J'ai failli mourir pour m'en rendre digne. — Mais, Madeleine, qui me répond?... — Madeleine fut faible; elle n'est point sans vertu. Je l'ai laissée dans les travaux de l'enfantement. — Ah! je vois maintenant que vous ne l'aimez pas! Mais que va-t-elle devenir? — Retournez chez elle; annoncez-lui notre résolution : ce parti extrême déterminera la sienne. — Mais quelle résolution, Baptiste ? — Celle de nous aimer, de vivre et de mourir ensemble. — Il était six heures : c'était une soirée d'automne, quand le vent, déjà vif, fait pencher les marguerites des cimetières. Baptiste, à genoux sur le cercueil de ma mère, en cueillit un bouquet que nous partageâmes. Ma main rencontra la sienne, et tout-à-coup je sentis ses larmes mouiller mon visage. En ce moment, il me sembla que la terre tressaillait sous mes genoux, et que ma mère satisfaite bénissait les promesses de ses enfans.

« C'est à Votre Majesté qu'il est maintenant réservé de leur donner de la force et des suites.

Ma sœur, désespérée du départ de Baptiste, et désolée d'avoir fait une fausse couche, ne veut plus recevoir son mari, qu'en l'absence de Baptiste, qu'elle accuse de ses maux; de plus, par l'influence qu'elle a toujours exercée sur mon père, elle arrête son consentement, et suspend notre mariage. Cependant Baptiste, qui est en pleine convalescence, a trouvé de l'ouvrage chez un tonnelier de Passy, et il attend, avec respect, la protection maternelle de V. M., qui ne verra, dans cette agitation domestique, qu'une querelle d'enfans, et qui saura la terminer, comme si c'était la querelle des siens.

Justement, dit l'impératrice, en s'essuyant les yeux, nous irons à Saint-Germain, chez madame Campan, où nous embrasserons Stéphanie; de là à Nanterre; et après avoir arrangé les affaires de ce pauvre Baptiste, que je ne serai pas fâchée de connaître, nous finirons la journée par la comédie française. Mademoiselle Mars joue *Victorine* (1) aujourd'hui, n'est-ce pas madame Marcay?

Avant de monter en voiture, Sa Majesté

---

(1) Dans le *Philosophe sans le savoir.*

donna une audience générale : il y avait bien
quinze à vingt pétitionnaires; mais quand ils
apprirent qu'elle partait pour faire du bien,
ils se contentèrent de la saluer, et remirent
leurs requêtes à la dame d'honneur ou à moi :
ils savaient qu'on répondrait exactement à
toutes, et que la plupart seraient exaucées.
Deux pétitionnaires seuls demandèrent et ob-
tinrent une audience privée.

C'étaient les deux enfans d'un homme de
lettres détenu pour avoir écrit contre le gouvernement de l'empereur : une jeune fille de
quatorze ans, et son frère peut-être de dix-
huit. Ils tenaient, d'une main, la réclamation
de leur père ; de l'autre, son ouvrage, dans
lequel étaient notés et expliqués tous les pas-
sages répréhensibles. La fille, de l'organe le
plus doux, essayait de les justifier ; et l'impératrice, l'écoutant avec autant de plaisir que
d'attention, entrait avec une grande complai-
sance dans toute cette défense qui, à vrai dire,
était fort spécieuse. Il est remarquable combien, dans la bouche d'une femme, la cause
la plus mauvaise et la plus désespérée s'amé-
liore et offre encore des chances de succès.
Ceux qu'enlevait auprès de Sa Majesté et auprès de nous la jeune pétitionnaire, n'étaient

pas douteux : toutefois son frère gardait un silence, qu'à l'expression de sa physionomie, on pouvait croire improbateur. Joséphine daigna l'interroger, et lui demanda s'il n'avait rien à ajouter à la belle défense de sa sœur. Il s'en faut du tout que je la trouve *belle*, répondit le jeune homme, et si mon père l'avait entendue, il la blâmerait encore plus que moi. Sa Majesté, étonnée, voulut que le jeune homme s'expliquât. Madame, répondit-il, avec un mélange d'assurance et de timidité aussi remarquable qu'intéressant, dans le sens de l'accusation dirigée contre mon père, il est coupable; et lorsque ma sœur, plus zélée que sincère, le représente comme innocent, elle compromet son honneur : car l'honneur consiste à ne jamais trahir la vérité. C'est pour l'avoir dite, et même avec énergie, que mon père souffre : ma sœur, ne flétrissons pas la gloire de sa captivité, en en abjurant la cause. La cause de la captivité de mon père est sa haine pour le despotisme militaire et le gouvernement absolu. Il admire l'empereur; mais il déteste, mais il a dénoncé ce système qui concentre dans les mains d'un seul tous les droits du peuple, tous les pouvoirs de l'autorité. En un mot, mon père a nommé Napo-

léon l'héritier du trône et de la république , **et**
l'usurpateur de tous deux. Tel est son crime ;
mais comme il prétend que l'amour de la patrie qui le lui a fait commettre est une vertu ,
il demande la liberté. Doit-on l'en priver ,
parce qu'il l'a trop aimée? L'âme de l'empereur,
assez grande pour éprouver cette affection su-
blime, ne le serait-elle pas assez pour la permettre aux autres? Cela serait au-dessus de son
pouvoir , et le maître de l'Europe échouerait
devant un citoyen. Voilà de nobles sentimens,
répondit Sa Majesté , et dans les beaux jours
de la république romaine, ils eussent été ap-
plaudis. Mais nous vivons dans des siècles où
les lumières ont développé la corruption, et
où il y a plus de talens que de vertus. C'est
avec celles-ci qu'on fait des républiques , et
qu'on fonde l'égalité. Par les autres, vous êtes
condamné aux jouissances du luxe et à toutes
les distinctions de la monarchie. Que voulez-
vous? L'excès de la population sur un sol fertile amène pour résultat les connaissances et
les vices : de là la nécessité d'un gouvernement
qui se serve des unes pour diriger les autres.
On voit, Monsieur, que le monde ne vous est
pas connu, et que vous n'avez encore vécu
qu'avec des Spartiates et des Romains. Votre

âge vous excuse ; et j'aime à croire, quant à votre père, que ses intentions le justifient. Je le recommanderai à l'empereur. — Que de grâces, que d'esprit ! dit le jeune homme, en se retirant ; cette femme était digne d'être républicaine. Sa sœur disait seulement : que de bonté !

En traversant le péristyle de la grande serre, Joséphine fit signe du doigt à Spire, le premier garçon du jardin botanique, de venir lui parler. Spire est un allemand flegmatique, uniquement attaché à ses plates-bandes, sur lequel l'autorité à très-peu d'influence, et qui ne voit de grandeur, de richesses et d'importance réelle que dans la culture de *ses espèces*, et le développement *de ses familles*. Il ressemble, en ce sens, à M. de la Lande, qui le jour même du couronnement, ne trouvait rien de plus intéressant à raconter que l'éclipse imprévue du troisième satellite de Jupiter. Quant à Spire, il parle peu et ne raconte pas ; il vous montre l'objet, et par un *Eh ! pien ?* fortement accentué, il décèle son contentement et vous demande votre admiration. Au signe de l'impératrice, il marche d'un pas égal, ne salue pas, ouvre la portière, tend une large main calleuse à Sa Majesté qui, moitié riant, moitié mécontente, le suit en nous disant : il ne faut pas désobliger ce brave homme. Tout en cheminant : Tu te portes bien, lui demanda-t-elle ? — Pien, Fotre Machesté, et mon chartin aussi. — Et tes enfans ? — Pien, Fotre Machesté, et mes arpustes aussi. — Mon parasol-chinois sent-il toujours aussi bon ? — *Stercutia*, Fotre Machesté : *ià, ià*. — Et ma grande germandrée ? — *Teucrium*, Fotre Machesté : *ià, ià*. — Et mes capustas ? — *Capusta cranti-flora : ià, ià*. — A ces mots, nous arrivons devant la platte-bande des capustas (choux-géans de l'Inde), à laquelle Spire tournait le dos. Sa petite fille agenouillée sur la couche coupait le dernier. Eh ! pien ; dit le père, en se retournant ? La petite qui croit que son père l'interroge, répond : J'ai coupé tous les petits pour mettre au pot, et elle montre son tablier à demi plein. A cette vue, le pauvre Spire pâlit et demeure immobile. Puis, entrant tout-à-coup dans une fureur immodérée, il voulait écraser sa fille qui, toute tremblante, se réfugie dans les bras de l'impératrice. Le père n'entendait ni les explications de son enfant, ni la voix de sa souveraine. *Jésous men goth* ! s'écriait-il, en se donnant de

grands coups dans la poitrine, che suis dés-
honoré ! Puis, avec une expression tout à-la-
fois furibonde et grotesque : puisque tu as
coupé mes capoustas, dit-il, il faut que che te
coupe ton tête. Et je crois, en vérité, qui l'eût
fait sans remords et comme une chose très-
juste, sans l'impératrice qui, après avoir prié
sans succès, fut obligée d'employer l'autorité.
Elle ordonna à Lisbeth de partir sur-le-champ
pour Saint-Cloud, et d'y rester jusqu'à nouvelle détermination. Puis, avec cette expression de bonté qui n'appartient qu'à elle . Con-
sole-toi, mon pauvre Spire, dit elle à son jardinier ; il n'y a pas grand mal à cela, et j'étais
dégoûtée des capoustas. La colère de l'Allemand change alors de caractère et d'objet.
Il pousse du pied les têtes de choux qui
jonchent la couche ; et par un reste de prudence, il s'éloigna à pas précipités, en s'é-
criant *Jésous, men goth!* quelle pitié ! cette
femme connaît rien chamais en potanique.

Enfin nous sommes en route. A peu de
distance du Pecq, il plaît à un jeune fat de
ne pas détourner son wiski, malgré les cris
de *garre! garre!* répétés par les gens de l'impératrice : sur l'ordre exprès de cette princesse,
son cocher, prend le débord, mais si juste,

que du même temps qu'il se détourne , il accroche et renverse le léger cabriolet, duquel alors sortent des plaintes et des clameurs. Joséphine alarmée , l'envoie relever et voulait descendre elle-même pour remédier à l'accident. Bientôt, nous voyons s'avancer un petit Anglais, tenant, ou plutôt traînant par la main une lady assez mûre, assez longue , assez maigre et assez mal fagotée. Tous deux , dans un jargon, où il y avait beaucoup d'adverbes , adressent une sorte de harangue dialoguée, qu'au ton dont elle fut proférée , on aurait pu prendre pour des reproches, mais que la bonté de l'impératrice accueillit comme des excuses. Je crois même qu'elle ne dédaigna pas de leur en adresser.

Nous voilà en vue du Pecq. Presqu'en face et au pied, de ce côté de la rivière , est une petite métairie exploitée depuis un temps immémorial par une honnête et industrieuse famille de *Beaucerons,* qui y ont transplanté les méthodes agronomiques de leur fertile pays. Le nouveau chef de cette famille (car l'ancien est mort il y a deux ans, aussi vieux et aussi respectable que les patriarches) s'est presque ruiné par ses essais et par ses efforts pour les prolonger. A l'imitation du philanthrope

Fellenberg, chez lequel il a fait un cours d'a-
griculture pratique, il a tenté dans son petit
domaine tout ce qu'il a vu, admiré et appris
dans ceux d'Hoffwill ; et lorsque l'introduc-
tion du sucre de betteraves a été opposée à la
disette du sucre exotique, Richard (c'est le
nom de notre laboureur) a multiplié cette
racine dans la moitié de sa propriété. Il a fait
plus : conseillé, dirigé même par le vénérable
Parmentier, il a élevé une usine pour la ma-
nipulation du sucre indigène ; et, tant que la
guerre n'eut pas franchi l'Elbe, il a pros-
péré, secondé, encouragé, indemnisé même
par l'empereur. Mais ces secours ayant été sus-
pendus, Richard a langui, a souffert et s'est en-
detté : d'autant plus malheureux et plus persé-
cuté, qu'il a pour voisin et pour ennemi un
vieux *cancre,* ami des routines antiques, con-
tempteur des tentatives libérales, et qui trouve,
dans les chagrins judiciaires qu'il cause à l'honnête Beauceron, le moyen de satisfaire indi-
rectement la haine qu'il porte à l'empereur.

Tel était l'état des choses, quand l'impératrice passa devant *Bois-Joli.* Richard en
était absent ; et sa femme, jeune encore, en-
tourée de sa vieille mère et de ses six enfans,
présentait un spectacle lamentable. Depuis le

matin, l'indigne Vassimont faisait exécuter
la saisie du mobilier de la ferme, en attendant
l'expropriation. Comme Richard avait promis
de revenir à trois heures avec des moyens de
libération, le créancier s'était contenté de faire
les apprêts d'un départ qui était bien imminent,
quand Sa Majesté se montra. Que vit-elle?
Vingt recors autour des gerbes entassées dans
plusieurs voitures; les chevaux, les vaches et
les ânes parqués pêle-mêle dans une enceinte
gardée par des huissiers; tous les meubles
épars sur le gazon, et toute la malheureuse
famille assise et sanglottant sur des matelats
empilés. La grand'mère seule, roulant un
chapelet dans ses doigts, semblait résignée;
tandis que les deux plus jeunes enfans jouaient
avec un gros dogue accoutumée à leurs bruyan-
tes caresses.

Il ne faut pas demander si, à l'aspect de ce
tableau, l'âme de Joséphine fut émue. On la
voit, faisant arrêter brusquement, descendant
rapidement de voiture et s'élançant parmi ces
infortunés. La femme, absorbée dans une
douleur stupide, ne faisait aucun mouvement :
a présence d'une princesse, dont le nom seul
promet la bienfaisance et fait naître l'espoir,
ne produisit aucun effet que celui d'un peu de

curiosité sur les enfans. C'est qu'il est des malheurs si profonds et si complets, qu'on trouverait insensé de leur donner quelque relâche
par une espérance chimérique. Tel était l'ac-
cablement de la famille Richard. Parmi les
trois grandes filles qui entouraient leur mère,
l'impératrice remarqua la moins jeune, dont
la beauté est en effet très-distinguée, et qui,
d'un œil inquiet, regardait sans cesse la route
de Paris. Nous sûmes bientôt que ces regards
n'allaient pas au-devant du père, ainsi que je
l'avais d'abord conjecturé.

Ils se portaient sur un paysan de bonne
mine et d'une taille vigoureuse, qui avançait
rapidement à travers les blés et les herbages.
Il arriva tout essoufflé, tenant à deux mains
un sac de toile bleue, qu'il jeta aux pieds de
la femme Richard : Voilà tout, s'écria-t-il en
poussant un gros soupir ; il y a là-dedans sept
cent trente-sept francs : ce n'est guère, mais
c'est tout ce que j'ai pu. *Le monstre* se conten-
tera-t-il de cet à-compte ? Les agens du monstre, c'est-à-dire l'huissier et ses recors, appro-
chèrent, et déclarèrent, qu'en voulant bien
prendre cet argent comme à-compte, ils
ne suspendraient point l'extraction du mobilier, mais qu'ils en ajourneraient le dé-

part au lendemain. Sur ces entrefaites, Vassimont lui-même se montra; et ricanant des
prétentions de Richard au perfectionnement
de l'agriculture, il voulut s'emparer du sac.
Vous eussiez vu Lombard (c'est le paysan qui
l'avait apporté) poser dessus un pied ferme
et tendu, et défier le créancier et ses gens d'y
porter la main. Je l'ai apporté, dit-il, pour
sauver, au moins momentanément, Richard
et sa famille : s'il ne fait que suspendre leur
ruine, sans l'empêcher, je le garde : il trouvera son emploi à soulager les pauvres que
vous aurez faits. Sa Majesté mit fin à cette situation pénible, en se nommant. Sans même se
faire rendre compte de la dette, elle s'en chargea, moyennant des termes et quelques arran-
gemens, qu'avec un tact parfait et une délicatesse attendrissante, elle confia à Lombard.
Ce beau paysan a trente-deux ans et a servi.
L'amputation de deux doigts le força à quitter
l'armée, d'où il est revenu avec la certitude
d'épouser Catherine, cette fille aînée du fer-
mier, dont la charmante figure nous étonna.
Ce sera un couple admirable ; et l'impératrice
mit le comble à ses bontés et à leur ravissement,
en promettant à l'un et à l'autre un emploi
dans ses jardins. Richard revint tout à-propos

pour apprendre ces heureux changemens,
pour jouir de cette bonne fortune, et pour cou-
vrir des bénédictions de sa famille celle qui en
a, pour long-temps, assuré la félicité.

A la montée du Pecq, nous trouvâmes
presque tous les habitans de ce village ras-
semblés dans une petite rue, en face d'une
maison où l'on nettoyait un puisard. De ce
puisard profond et infect, l'on venait de reti-
rer deux hommes asphixiés, le second y étant
.descendu pour porter des secours au premier.
Celui-ci vieux et vigoureux respirait encore ;
l'autre jeune et plus faible avait cessé d'exister. Nous vîmes avec compassion sa sœur et
son camarade penchés sur son cadavre, qu'ils
couvraient de larmes et qu'ils essayaient de ra-
nimer. Le malheureux qui était la cause involontaire de sa perte, le chercha des yeux et se
précipita sur lui en sanglottant : ce jeune homme
était son compagnon, et venait de lui donner
le témoignage de l'amour et du dévouement
filial. L'impératrice éprouva en contemplant
cette scène, une sorte de secousse nerveuse
qui se termina par des larmes. Cette princesse
assura une pension au vieillard, et fit distribuer
des largesses aux jeunes gens. Nous atteignions
Saint-Germain, qu'elle n'était pas encore re-

mise de son trouble et de son attendrissement.

Madame Campan ne nous attendait pas ;
mais a-t-on besoin de préparatifs dans une
maison dont l'ordre est la règle perpétuelle,
et qui en tempère la sévérité par l'élégance ?
Rien de mieux disposé que la maison de cette
institutrice ; rien de mieux ordonné que tout
le système de son enseignement. C'est un
spectacle enchanteur, c'est un coup-d'œil ravissant que celui de deux cents petites personnes, partagées en cinq classes que dis-
tinguent des couleurs, et qui, dans leurs
exercices, comme dans leurs jeux, offrent le
tableau mobile et brillant de la jeunesse dans
sa fleur, des grâces dans leur fraîcheur prin-
tannière, des vertus ingénues, des talens pré-
coces et quelquefois achevés. A l'arrivée de
S. M., tout l'établissement fut ému et nou
troublé : aucune classe ne fut déserte, aucun
exercice suspendu, aucune élève dérangée.
Comme la décence et la propreté sont le seul
luxe de leur costume virginal, elles se contentèrent d'y ajouter, selon les classes, une couronne et un bouquet de roses, de lilas, de
bluets, de renoncules et de lys. On se ferait
difficilement une idée de ces réunions de têtes

charmantes qui, sous un chapeaux de rosières,
offrent des physionomies pudiques et des sourires innocens. Joséphine en fut enchantée. Son
enthousiasme redoubla aux réponses intelli-
gentes que lui firent plusieurs élèves. Presque
toutes donnèrent de leurs talens des échantillons favorables ; toutes avaient droit aux éloges
et eurent part aux récompenses. L'impératrice,
pour donner plus de poids à celles-ci, voulut
qu'elles fussent distribuées par mademoiselle
Stéphanie de Beauharnais, sa nièce. C'est
une jeune personne timide et bonne, qui
cultive en silence quelques talens précieux et
quelques goûts choisis, mais qui, plus discrè-
tement encore, pratique de douces et pieuses
vertus. Enfant modeste et bienfaisante, puisse
le ciel récompenser en toi la sage distribution
des lumières et la pudeur de la charité !

A la suite d'un dîner dans le refectoire
commun, où S. M. voulut assister et goûter
de la plupart des mets, madame Campan, à
la tête de toute sa maison, conduisit cette princesse à l'ouvroir, et de-là au magasin qui en
est proche. Là, sous les doigts industrieux des
élèves, naissent des tissus de toutes les qualités, des vêtemens de toutes les formes, des
productions pour tous les usages. Celles du

luxe seuls ne s'y montrent pas. Les élèves travaillent pour le pauvre : elles le revêtent de leurs mains ; elles adoucissent la misère du produit de leurs labeurs. On compte , parmi elles , des filles de grands-dignitaires , des enfans de rois : heureuse et noble éducation qui rapproche par les besoins et les services les classes extrêmes de la société. Ah ! la religion du Christ est vraiment le culte naturel , puisqu'elle fait de la pitié , de l'humanité , de la charité , le premier et le plus auguste des liens sociaux !

Une magnifique collation attendait l'impératrice sur la terrasse , où l'on jouit, comme l'on sait, d'une vue immense et variée. Au milieu du repas, durant lequel une musique d'harmonie, cachée sous un massif de verdure, faisait entendre ses accords, un courrier, arrivant de l'armée, remit à S. M. une lettre de son auguste époux. Le libérateur de l'Italie sera bientôt le conquérant de toute l'Allemagne. Il défait les électeurs, fait des rois et émancipe les peuples. Au sein de ces fracas politiques, son élément, il est sain, se porte à merveille ; et. quoiqu'il mange peu, il digère parfaitement. C'est le point essentiel ; car n'est pas long-temps héros celui qui digère mal.

L'impératrice a daigné nous communiquer une partie de la missive, sur laquelle, en vrais courtisans, nous avons *devisé* le reste de la journée.

Je dis le reste, et j'ai tort; car nous l'employâmes à visiter la famille Valazier à Saint-Germain, et Baptiste à l'hospice des eaux de Passy. J'ai recueilli sur ces personnages, ainsi que sur Elisabeth, des renseignemens singuliers que je dois rédiger pour Sa Majesté. Qu'il suffise de constater ici que vérification faite des faits énoncés dans la pétition, tous se trouvèrent exacts. Madeleine a paru renoncer de bonne grâce à ses prétentions sur le cœur de Baptiste, que le bonhomme Valazier a nommé son fils avec satisfaction. Je ne décrirai point celle des amans, aussi naïfs, aussi ingénus dans leur joie, qu'ils le furent dans leurs chagrins. La prudente Joséphine les envoie faire la nôce à Navarre, où l'intendant-général leur donnera un emploi.

Huit heures sonnaient au foyer du Théâtre-Français, quand S. M. entra dans sa loge, aux applaudissemens universels. Mademoiselle Mars était en scène avec Damas, auquel elle disait, de ce ton inimitable dont elle seule a le secret : A cinq heures, entendez-vous ?

SUITE

DE LA

CORRESPONDANCE.

LETTRE PREMIERE.

Au Citoyen BARRAS, membre du Directoire exécutif.

Fontainebleau.

RIEN ne m'est plus agréable que ce que vous m'annoncez, mais rien ne me surprend moins. Je connais votre influence et surtout votre zèle. J'étais sûre de vous intéresser; je ne l'étais pas moins que vous réussiriez. Me voilà donc certaine de posséder un asile; et, grâce à cette bienveillance qui augmente le bienfait par la délicatesse, cet asile est selon mes souhaits, et je pourrai m'y livrer à mes goûts. Goûts paisibles et purs, qu'aux jours de la prospérité, j'avais cultivés par fantaisie, et que je carresse aujourd'hui par prédilection. Je les ai inspirés aussi à mes enfans, qui y ont déjà trouvé l'amusement de leur premier âge, et qui bientôt y chercheront le charme du second. Héritiers d'un proscrit, la modestie sied à leur vœu, et l'obscurité à leur existence. Celle dont nous allons jouir à Malmaison remplit toutes ces conditions-là; et, malgré des pertes énormes, si mon Alexandre vivait, je n'aurais plus de désirs à former. Mais s'il vivait, vous aurais-je connu? Aurais-je été malheureuse? Et tant de bienveillance se serait-elle réunie sur une infortunée? Il faut prendre chaque situation de la vie avec toutes ses chances : la plus pénible en a peut-être quelques-unes encore de favorable; et c'est à les mettre à profit que consiste le bon sens. Voilà ce qu'il est facile de se dire, lorsque la passion ne nous agite pas. J'ai subi une épreuve, où, durant quelques mois, je n'ai pu soupçonner un beau jour : je n'avais alors que le choix des malheurs. Je les crois passés, et ce que vous faites aujourd'hui pour moi, recommence ma vie. En la consacrant à la solitude, à l'étude, à l'éducation de mes enfans, ce sera la consacrer au bonheur tranquille et à notre inaltérable reconnaissance.

LETTRE II.

A Madame Fanny de BEAUHARNAIS.

Il faut, ma bonne tante, que je vous raconte un trait charmant de notre Eugène. Aujourd'hui 7 thermidor, anniversaire d'un jour trop déplorable, je l'ai fait venir; et lui montrant le portrait gravé de son malheureux père : voilà, mon fils, lui ai-je dit, ce que vous valent six mois de bonnes études et de sage conduite. Ce portrait est à vous : portez-le dans votre chambre, et regardez-le souvent. Surtout, que celui dont il offre les traits, vous serve sans cesse de modèle : c'était le plus aimable, le plus aimant des époux; il eût été le meilleur des pères. Eugène ne disait mot : il avait les yeux baissés, le teint enflammé, et son agitation douloureuse était visible. En recevant le portrait, il le couvrit de larmes et de baisers. Bientôt les miennes coulèrent abondamment; et mon fils et moi, tendrement embrassés, présentèrent à l'ombre de mon Alexandre, un tableau qui la satisfit.

Ce soir, tous mes amis retirés, hormis Cubières et Saint-Hérem, je vois mon fils arriver, suivi de six de ses jeunes amis, tous décorés du portrait de mon Alexandre, suspendu à leur cou par un ruban noir et blanc. Tu vois, me dit Eugène, le fondateur d'un nouvel ordre de chevalerie ; en voilà le héros, ajoute-t-il, en indiquant le portrait de son père, et en voici les premiers membres, dit-il, en montrant ses jeunes amis. Cet ordre s'appellera l'*Ordre de l'Amour filial* ; et si tu veux en voir la première inauguration, passe avec ces messieurs dans le petit salon. Jugez, ma bonne tante, si j'étais émue! Nous suivons Eugène. Le petit salon, drapé avec un goût, où je reconnus la main de Victorine, était décoré d'une longue guirlande de lierre, dont chaque courbe présentait à son point d'attache une couronne de roses et de lauriers. Des inscriptions, tirées des discours imprimés ou des paroles remarquables de M. de Beauharnais, remplissaient ses intervalles, au-dessus desquels brillaient des girandoles chargées de bougies. Cette décoration héroïque et simple servait de cadre à une crédence, en manière d'autel, où, parmi des gerbes de fleurs et des flambeaux, s'élevait le portrait en pied de mon

infortuné époux. Trois couronnes, dont une
de roses blanches et rouges, la seconde de
vert laurier, et la dernière de cyprès, étaient
appendues au cadre, devant lequel brûlaient
deux cassolettes de parfums. Six autres cama-
rades de mon fils, rangés autour de l'autel,
gardaient un silence respectueux. A notre aspect, la plupart, armés d'une épée, la tirèrent
avec transport, et firent, entre les mains
de mon fils, le serment d'aimer leurs parens,
de se secourir entre eux, et de défendre leur
patrie. A ce mot sacré, mon fils, déployant et
agitant un petit drapeau tricolore, en ombra-
gea la tête de son père. Je lui dis : il combattit sous ces couleurs, et mourut pour les
défendre. Sois toujours son fils, et n'oublie
jamais, en combattant, décoré par elles,
qu'elles sont les couleurs de la liberté. A ces
mots, nous nous embrassâmes tous avec un
mélange de sourires et de larmes, et le plus
aimable désordre succéda au cérémonial de
l'inauguration. Ah! ma bonne tante, si quelque chose pouvait me consoler de ma perte
irréparable, ne serait-ce pas ces enfans qui, en
me la faisant sentir si vivement, m'en dédom-
magent avec tant de charmes ? Combien j'ai
regrété que mon Hortense fût absente! Mais

elle est avec vous : elle lira ma lettre ; elle pleurera de joie, en y reconnaissant ses propres affections, et en doublera la jouis-sance, en accourant les confondre avec celle de son frère.

LETTRE III.

A la Même.

Que la journée fut heureuse pour moi, ma chère tante ! Eh bien ! la nuit qui la suivit fut plus heureuse encore ; et quoique cette félicité ne soit pas sans mélange, il n'en est point qui, depuis la mort de mon époux, m'ait mieux remis en goût de la vie. Oui, je veux vivre pour sa mémoire, pour l'éducation de mes enfans, beaucoup pour vous, ma bonne tante, un peu pour nos amis. Depuis quelques heures, une douce révolution s'opère dans toutes mes facultés : à qui la devais-je ? C'est ce que je vais vous dire. Jusqu'ici, je n'avais connu du malheur que l'humiliation, de la douleur que les angoisses : je commence à comprendre qu'ils ne sont pas sans charmes, et que, quand aux baumes fournis par le temps, se mêlent ceux d'un souvenir adoré, l'âme peut s'épanouir pour les savourer. C'est la position où vient de me mettre Névil. Vous n'avez oublié ni le nom, ni les bienfaits, ni la douce et honnête figure de ce bon jeune homme. Hier soir, au moment, où encore caressée par mon fils, j'allais me mettre au lit. Névil se fait annoncer : à toute heure, il a, il doit avoir accès près de moi. Toutefois son aspect me fait éprouver quelque surprise. Vous le connaissez grave et presque solennel ; il avait redoublé de sérieux. Ce jour ne s'effacera jamais pour vous, madame, me dit-il, et il est aussi sacré pour moi. C'est celui où fut assassiné un homme de bien. Mais cet homme de bien a laissé des traces, et il chargea ma main de les recueillir. Voilà ce qu'il vous écrivait quelques heures avant de sceller de son sang une cause sainte; voici ce qu'il confia à ma mère pour me le remettre ; voilà ce dont aujourd'hui même je devais vous faire hommage. En disant ces mots, Névil me présentait une lettre : c'est d'Alexandre ! Je me sens pâlir, frissonner; je deviens tremblante, et des larmes bondantes coulent, en reconnaissant, sous l'enveloppe, des cheveux de mon époux. Eugène, à genoux, couvrait de baisers, mouillait de larmes ces gages chéris. Après quelques minutes données à la plus pénible, à la plus délicieuse émotion, Névil se charge d'en prolonger la durée; en lisant d'une voix calme et reposée cette lettre que je transcris.

DERNIÈRE LETTRE

D'ALEXANDRE de BEAUHARNAIS.

Nuit du 6 au 7 thermidor, an 2,
à la Conciergerie.

ENCORE quelques minutes à la tendresse, aux larmes et aux regrets; puis, tout entier à la gloire de mon sort, aux grandes pensées de l'immortalité. Quand tu recevras cette lettre, ô ma Joséphine! il y aura bien long-temps que ton époux, dans le langage d'ici-bas, ne sera plus; mais il y aura déjà quelques instans qu'il goûtera dans le sein de Dieu la véritable existence. Tu vois donc bien qu'il ne faut plus le pleurer. C'est sur les méchans, les insensés qui lui survivent qu'il faut répandre des larmes; car, ils font le mal et ne pourront le réparer. Mais ne noircissons pas de leur coupable image ces suprêmes instans. Je veux les embellir, au contraire, en songeant que chéri d'une femme adorable, j'ai vu s'écouler sans le plus léger nuage le jour de notre hymen. Oui, notre union n'a duré qu'un jour, et cette pensée m'arrache un soupir. Mais qu'il fut serein et pur, ce jour si rapidement écoulé: et que de grâces je dois à la providence qui te bénit! Aujourd'hui, elle dispose de moi avant le temps, et c'est encore un de ses bienfaits. L'homme de bien peut-il vivre sans douleur et presque sans remords, quand il voit l'univers en proie aux méchans? Je me féliciterais donc de leur être enlevé, si je ne sentais que je leur abandonne des êtres si précieux et si chéris. Si pourtant les pensées des mourans sont des pressentimens, j'en éprouve un dans mon cœur qui m'assure que ces boucheries vont être suspendues, et qu'aux victimes vont enfin succéder les bourreaux.

Je reprends ces lignes, incorrectes et presqu'illisibles, que mes gardiens avaient suspendues. Je viens de subir une formalité cruelle, et que, dans toute autre circonstance, on ne m'aurait fait supporter qu'en m'arrachant la vie. Mais pourquoi chicaner contre la nécessité? La raison veut qu'on en tire le meilleur parti. Mes cheveux coupés, j'ai songé à en racheter une portion, afin de laisser à ma

chère femme, à mes enfans, des témoignages
non équivoques, des gages de mes derniers
souvenirs.... Je sens, qu'à cette pensée, mon
cœur se brise et que des pleurs mouillent ce
papier... Adieu, ô tout ce que j'aime! Aimez-
vous, parlez de moi; et n'oubliez jamais que
la gloire de mourir victime des tyrans et martyr de la liberté, illustre l'échafaud.

LETTRE IV.

A Monsieur de Sansal.

Votre pétition, arrivée le 12 à la Malmaison, a été remise, le soir même et par moi, au citoyen Barras. Le lendemain, envoyée au bureau des émigrés, elle a été mise au rapport le 14. Dès le 16, le premier examen avait été fait ; et hier 20, la décision définitive a été soumise au gouvernement. J'ai le plaisir, monsieur, de vous annoncer qu'elle vous a été favorable, et que, rayé de la liste fatale, vous rentrez dans tous les droits de citoyen français. Mais, en vous transmettant une communication qui n'est aussi agréable qu'à vous-même, permettez-moi d'en augmenter le prix, en vous répétant les propres paroles dont l'a accompagnée le Directeur : « J'ai peu à vous refuser, madame, m'a-t-il dit en me remettant le paquet qui la contient, et je n'ai rien, quand il s'agit de servir l'humanité. Mais la pitié pour le malheur n'exclut pas la justice, et la justice est inséparable de l'amour de la vérité. Cet amour

me prescrit de donner à **M.** de Sansal un conseil salutaire. Comme infortuné, **M.** de Sansal
mérite des égards; comme émigré, il n'a droit
à aucun. Je dirai plus : si j'étais sévère, il en
aurait à de rudes représailles d'un gouvernement aux bontés duquel il répond par des in-
solences. Quoique je dédaigne les siennes, je
les apprécie : elles prouvent un cœur ingrat
et un esprit borné. D'autres ont fait le mal;
nous le réparons : ce n'est pas un motif pour
être détestés. Si c'en est un pour que **M.** de
Sansal haïsse, qu'il renferme dans son âme
cette lâcheté. En la montrant, il s'exposerait
à de fâcheux retours, et tous mes collègues ne
sont pas aussi indulgens que moi. »

Ne vous en prenez qu'à vous-même, monsieur, du peu d'aménité de ces conseils : ils
sont durs peut-être, mais utiles, et vous les
rendrez efficaces. Voyez d'ailleurs, dans ma
fidélité à vous les transmettre, tout l'intérêt
que vous m'inspirez, et qu'il ne tient qu'à vous
de justifier.

LETTRE V.

A Mademoiselle Hortense.

Ma bonne amie, il y a, dans les bois de
Fontainebleau, une plante de la famille des
chénopodées, qu'on appelle *blète effilée* : c'est
l'épinard-fraise des jardiniers. Tu la distingue-
ras par sa singularité d'avoir des fruits faits et
colorés exactement comme des fraises. Comme
c'est une plante sédentaire, et qui n'aime point
à être transplantée, tu auras soin de faire enle-
ver une forte et profonde portion du gazon qui
l'entoure, et qui sera encaissé avec la terre lé-
gère dont elle se nourrit. Le tout sera expédié,
bien conditionné, par la voiture du bonhomme
Phédart, qui revient à petites journées ici. Mon
jardinier Spire dit qu'il a transplanté des blètes,
de leur local natif, dans une terre peu meuble,
mais appropriée, et que, de la culture de la
plante, il en résulte une véritable fraise : je
n'en crois pas un mot; mais l'expérience coû-
tant peu, je veux la tenter.

LETTRE VI.

A Monsieur de CUBIÈRES.

DÈS que le brave Russeau m'eut remis votre lettre, mon cher chevalier, je m'intéressai à lui : il est honnête, paraît sensible, et montre des sentimens français. Il est de plus père de quatre enfans, qui n'avaient, pour subsister, que le travail de ce bon homme. Après avoir donc subvenu à ses premiers besoins (1), je me suis remuée pour lui faire obtenir l'emploi qu'il désirait (2). J'ai la satisfaction de vous apprendre qu'on l'y a trouvé propre, et qu'il est agréé. Faites-le lui dire, et recevez, pour le service que vous m'avez mis en état de rendre, mes sincères remerciemens.

____

(1) Sur l'inspection de son habit déchiré, elle lui donna 10 louis.

(2) D'huissier au Directoire.

LETTRE VII.

A Madame TALLIEN.

Il est question, ma chère amie, d'une magnifique soirée à Thélusson; je ne vous demande pas si vous y paraîtrez : la fête serait bien languissante sans vous. Je vous écris pour vous prier de vous y montrer avec ce dessous fleur de pêcher que vous aimez tant, que je ne hais pas non plus, et dont je me propose de déployer le pareil. Comme il me paraît important que nos parures soient absolument les mêmes, je vous préviens que j'aurai sur les cheveux un mouchoir rouge noué à la créole, avec trois crochets aux tempes. Ce qui est bien hardi pour moi est tout naturel pour vous, plus jeune, peut-être pas plus jolie, mais incomparablement plus fraîche. Vous voyez que je rends justice à tout le monde. Mais c'est un coup de parti : il s'agit de désespérer les trois *Bichons* et les *Bretelles anglaises* (1).

____

(1) Noms de sociétés. On désignait, sous le dernier, une jolie anglaise, appelée depuis madame B.-V.

Vous comprenez l'importance de cette conspiration, la nécessité du secret, et l'effet prodigieux du résultat. A demain : je compte sur vous.

LETTRE VIII.

A Madame FANNY de BEAUHARNAIS.

ETES-VOUS heureuse, me demandez-vous, ma chère tante ? A cette question on peut faire plusieurs réponses : oui, je le suis, et comme mère et comme épouse. Fut-il des enfans plus aimables, plus chéris et plus dignes de l'être ? Est-il un mari qui fasse plus d'honneur à celle qu'il décora de son nom ? Pourtant, c'est lui, c'est ce mari qui fait toute ma gloire, qui fait aussi mon tourment. Ah ! que d'insomnies me coûtent ses victoires ! Peut-être serait-il moins avide de lauriers, s'il voyait chaque feuille des siens arrosée de mes larmes. Mais, que dis-je ? Femme d'un Français, dois-je ne pas porter un cœur français ? Avant que d'être épouse, avant que d'être mère, j'étais citoyenne ; et mon cher Alexandre ne m'apprit-il pas à faire marcher ce titre avant tout ? Son digne successeur, possesseur de ma tendresse, est aussi l'héritier de tous ses sentimens. Méritons, en les partageant, le titre honoré de la veuve de

Beauharnais, et le titre honorable de l'épouse
de Bonaparte : c'est une belle association de
gloire, une noble communauté d'illustration.
Puisse le sort heureux qui s'éloigna de l'un,
accompagner toujours l'autre !

Voici la lettre que je viens de recevoir de
celui-ci. J'y joins celle de mon fils, qui est
aussi le vôtre, et que vous lirez avec des yeux
de mère. Les journaux ont altéré l'une et
l'autre : je les rétablis.

LETTRE

Du général BONAPARTE

A SON ÉPOUSE.

MADAME,

Mon premier laurier dut être à la patrie, mon second sera pour vous. En poussant Alvinzi, je pensais à la France; quand il fut battu, je pensai à vous. Votre fils vous remettra une dragonne, que lui a offerte le colonel Morbach, fait prisonnier de sa main. Vous voyez, madame, que notre Eugène est digne de son père. Ne me trouvez pas moi-même trop indigne d'avoir succédé à ce brave et malheureux général, sous lequel je me serais honoré d'apprendre à vaincre. Je vous embrasse.

BONAPARTE.

LETTRE

Du colonel Eugène BEAUHARNAIS

A SA MÈRE.

Retenu à Lyon, pour y terminer quelques affaires, je ne puis résister à l'impatience que j'ai de vous entretenir, ma chère et digne mère. J'ai eu le bonheur de faire, sous les yeux du général Bonaparte, une action qui m'a valu son approbation, et qui m'a donné de moi-même une honorable idée. En faisant prisonnier un lieutenant-colonel autrichien, je pensais à mon père, j'étais vu du général, et je savais que vous m'applaudiriez. Que de motifs pour servir son pays ! Ces encourage-mens seront toujours les mêmes, et ils auront sur mon cœur la même influence. Suspendez cette dragonne dans votre cabinet, au dessous du portrait de mon père, auquel j'en fais hom-mage, aussi bien qu'à vous. Quant à celle que m'a donnée Hortense, et dont elle a tissu le chiffre, dites lui bien qu'elle ne me quittera pas facilement. Nous avons le projet de rendre les Autrichiens prodigues envers nous; nous avons aussi celui de rester avares avec eux.

Au revoir, ma bonne et tendre mère : encore huit jours ici, puis je piquerai mon *gris-pommelé*, pour aller, tout d'un temps, me mettre à vos pieds.

LETTRE IX.

___

A Madame CAMPAN, *à Saint-Germain.*

EN vous renvoyant Caroline (1) , recevez , ma chère Madame Campan , mes remerciemens et mes reproches. Les uns seront pour les bons soins , pour la brillante éducation que vous donnez à ma nièce ; les autres , pour les défauts , que votre sagacité n'a pas manqué de remarquer en elle , et que votre indulgence a tolérés. Cette petite fille est douce, mais froide; instruite , mais dédaigneuse ; spirituelle , mais saus jugement. Elle ne plaît pas , et ne s'en soucie guère. Elle croit que la réputation de son oncle , que la bravoure de son père sont tout. Apprenez lui , mais bien séchement , bien cruement , qu'elles ne sont rien. Nous vivons dans un temps où chacun est fils de ses œuvres ; et si , ceux qui servent l'état aux pre-

___

(1) Depuis, la princesse Caroline de Naples : elle est fille aînée du roi Joachim. L'âge et le malheur ont changé bien avantageusement ses défauts.

miers rangs, doivent avoir quelqu'avantage et posséder quelques priviléges, ce sont ceux d'être plus aimables et plus utiles. C'est ainsi seulement qu'aux yeux de l'envie, on se fait pardonner sa fortune. Voilà, ma chère madame Campan, ce que vous n'auriez pas dû laisser ignorer à ma nièce ; et voilà, ce qu'en mon nom, vous devez lui répéter sans cesse. Je veux qu'elle traite comme égales toutes ses compagnes, dont la plupart valent mieux ou autant qu'elle, et auxquelles il ne manque que d'avoir des parens plus habiles ou plus heureux.

LETTRE X.

'A Monsieur F. de Ch.

Profitez de mon absence, mon cher F., et hâtez vous de déménager le pavillon des acacias, pour transporter mon cabinet dans celui de l'orangerie. Je veux que la première des pièces qui le composent, et qui servira d'anti-chambre, soit tendu de vert-gris, avec bordure lilas. Au centre des panneaux, vous placerez mes belles gravures d'*Esther*, et sous chacune d'elles le portrait des généraux célèbres de la révolution. Au milieu sera une énorme jardinière, toujours garnie des fleurs de la saison ; et dans les encoignures, autant de gaines, avec mes bustes des philosophes français. Je vous recommande particulièrement celui de Rousseau, que vous placerez entre les deux croisées, de manière que les pampres et les liserons échappés de la treille viennent se jouer sur sa tête. C'est une couronne naturelle digne de l'auteur d'*Emile*. Quant à mon cabinet particulier, faites le décorer de lilas uni , avec une bordure de renoncules et de scabieuses. Dix grandes gravures , de la galerie du musée , et vingt médaillons, occuperont les panneaux. La tenture des croisées sera blanche et verte, avec des baguettes dorées, mais unies. Mon piano , un canapé vert, deux chaises-longues et le meuble correspondant, un secrétaire , un petit bureau, et la grande glace de toilette : voilà ce que vous n'oublierez pas. Au milieu, une grande table couverte de fleurs toujours fraîches ; et sur la cheminée, une simple pendule avec deux vases d'albâtre et des girandoles unies. Joignez l'élégance à la variété ; mais ni recherche, ni profusion : rien n'est plus opposé au bon goût. Enfin, mon cher F., je m'en rapporte au vôtre pour faire de mon oratoire un petit paradis, où je pourrai rêver, sommeiller même, et lire le plus souvent ; ce qui vous dit assez que vous n'oublierez pas trois cents volumes de mes petits formats.

LETTRE XI.

A Madame MARIA ELV.***

Quoi ! des pêches en juin ! du raisin dans la saisin des roses ! A la maturité, je les jugerais conservés ; mais à leur frais coloris , il faut bien me résoudre à les croire des primeurs. Allons, vous avez vaincu mon incrédulité , et me voilà décidée pour les miracles. Toutes réflexions faites, ils sont naturels chez vous, et loin de renverser l'ordre de la Providence, ils le consolident. Chez les payens , on vous eut adorée sous le nom de Flore ; moi, je vous honorerai comme l'ange dont le souffle pur fait éclore les fleurs et mûrir les fruits. Puissent vos enfans se ressentir de leur coloris et de leur précocité !

LETTRE XII.

A Madame MURAT (1).

Vous n'êtes point une femme ordinaire, ma sœur; c'est donc *d'une autre encre* qu'aux femmes vulgaires qu'il vous faut écrire. Je vous dirai franchement, et sans précaution, que je suis mécontente de vous. Quoi! vous faites pleurer ce pauvre Murat? Passe encore pour déposer à vos pieds ses armes victo-rieuses : Hercule filait aux pieds d'Omphale; il y filait, mais il n'y pleurait pas. Avec tant de moyens de plaire, pourquoi préférez-vous de commander? Votre époux obéit à la crainte, quand il ne voudrait céder qu'à la séduction. En échangeant ainsi les rôles, vous faites d'un

---

(1) Depuis, Caroline, reine de Naples. Sous la fi-gure d'une très-jolie femme, elle renferme le caractère positif, les vues vastes et quelquefois gigantesques, l'ambition démesurée, en un mot, tout le génie des Bonaparte.

brave un esclave timide, et de vous, un despote exigeant. C'est une honte pour lui, ce ne peut être un honneur pour vous. Notre gloire, à nous autres femmes, est dans la soumission; et s'il nous est permis de régner, c'est par la douceur et la bonté. Votre mari, déjà si grand dans l'opinion, par sa valeur et ses exploits, croit voir s'abaisser toutes ses palmes, quand il paraît en votre présence. Vous mettez votre orgueil à les humilier devant vos prétentions; et le titre de sœur d'un héros est un motif pour que vous vous croyiez une héroïne. Croyez-moi, ma sœur, cette qualification et le caractère qu'elle suppose ne nous conviennent pas. Jouissons modestement de la gloire de nos époux, et mettons la nôtre à adoucir leurs mœurs et à leur faire pardonner leurs exploits. Les anciens auraient dit que le bras d'Omphale était trop débile pour soulever la massue d'Alcide. Enjolivons-là de fleurs, et méritons que le public, qui applaudit à la bravoure des héros, applaudisse aussi à l'aménité que la Providence donne à leurs femmes pour la tempérer.

LETTRE XIII.

Au général BONAPARTE (1).

POUR la dixième fois peut-être , je relis votre lettre ; et j'avoue que l'étourdissement qu'elle me cause ne cesse que pour faire place à la douleur et à l'effroi. Vous voulez relever le trône de France , et ce n'est pas pour y

---

(1) Un fragment de la lettre, qui a provoqué cette réponse, a été trouvé attaché à celle-ci ; nous le transcrivons sans réflexion :

« L'univers va toujours, et quoiqu'éternel, il » change à chaque moment. Pourquoi un changement, » commandé par les choses, serait-il blâmé ? Est-ce » ma faute si un trône vermoulu tomba ? Ce serait la » mienne, si, placé pour le relever, je ne le relevais » pas. Mais à de nouvelles institutions, il faut des » hommes nouveaux. Ce fut la licence qui broya le » despotisme, c'est à la victoire à fonder la liberté. » Telles sont, madame, les projets de votre époux, » les pensées du Sénat et les besoins des peuples. » Quant aux rois, ils plieront : c'est leur lot par la » défaite ; ce le devrait être aussi par la raison. »

faire asseoir ceux que la révolution en a ren-
versés! C'est pour vous y placer vous même!
Que de force, dites vous, que de grandeur
dans ce projet, et surtout que d'utilité! Et
moi, je vous dis : que d'obstacles pour le faire
agréer! Que de sacrifices pour l'accomplir!
Quelles incalculables suites, quand il sera réa-
lisé! Mais admettons qu'il le soit : vous arrê-
terez vous à la fondation du nouvel empire?
Cette création, disputée par des voisins, n'en-
traînera-t-elle pas la guerre avec eux, et peut
être leur ruine? Leurs voisins, à leur tour,
la verront-ils sans terreur, et n'essayeront-ils
pas de la repousser par la vengeance? Et au
dedans, que d'envieux, que de mécontens!
Que de complots à déconcerter, que de conspirations à punir! Les rois vous dédaigne-
ront comme parvenu, les peuples vous haï-
ront comme usurpateur, vos égaux comme
un tyran. Aucun ne comprendra la nécessité
de votre élévation; tous l'atribueront à l'ambition ou à l'orgueil. Vous ne manquerez pas
d'esclaves qui ramperont sous votre puissance,
jusqu'à ce que secondés par une puissance,
qu'ils croiront plus formidable, ils se relèvent
pour vous renverser. Heureux encore, si le poignard, si le poison!... Une épouse, une amie

peut-elle fixer son imagination tremblante sur de si funestes images ?

Ceci m'amène à moi, dont je m'occuperais fort peu, s'il ne s'agissait que de moi-même. Mais le retour du trône ne vous inspirera-t-il pas le besoin de nouvelles alliances ? Ne croirez vous pas devoir chercher, dans de nouveaux liens de famille, de plus sûrs appuis à votre pouvoir ? Ah ! quelqu'ils soient, vaudront-ils ceux que la convenance avait tissus, que les affections les plus douces semblaient devoir éterniser ?... Je m'arrête à cette perspective, que la crainte, faut-il le dire, que l'amour trace dans un avenir effrayant. Vous m'avez allarmée par votre essor ambitieux ; rassurez moi par le retour, par l'assurance de votre modération.

LETTRE XIV.

A Madame de Rémiv...

Bien certainement l'empereur est un homme unique. Dans les camps, au conseil, ils le trouvent extraordinaire ; mais c'est dans son intérieur qu'il me paraît encore plus grand. J'avoue que, malgré mon habitude du monde, et la connaissance de ses usages, les premiers jours de l'étiquette impérial n'ont pas laissé que d'être embarrassans pour moi : l'empereur, au contraire, s'en est fait un jeu, un plaisir, et, de tout le palais, c'est lui, sans contredit, qui l'entend le mieux. Lannes, qui a son franc parler, se moque beaucoup de ce qu'il appelle les hypocrisies du culte politique ; mais, en ne les estimant que ce qu'elles valent, l'empereur les considère sous des rapports plus élevés, et croit, qu'aux yeux des peuples, elles suffisent pour rendre au pouvoir la majesté et l'ascendant que tant d'années d'anarchie leur ont fait

perdre. Il convient, à la vérité, que leur principale influence vient des qualités personnelles
de ceux qui en sont revêtus ; mais il soutient
que, sans valoir ces qualités, ni les remplacer ,
le cérémonial les peut suppléer avec avantage :
et en soutenant un tel système, l'empereur se
montre bien désintéressé ; car qui moins que
lui a besoin de prestiges pour imposer aux
hommes, qu'il semble né pour gouverner ?
A l'appui de son sentiment, il citait une foule
de princes qui ont régné, pour ainsi dire plus
assis ou couchés que debout, mais dont le lit
gardé par les barrières de l'étiquette, fut res-
pecté comme un sanctuaire. Quoiqu'il en soit
de ces vues, que je n'approuve pas totalement, mais auxquelles je me soumets, nous
avons ici un homme qui, sans les examiner
d'aussi haut, les exécute avec une ponctualité
et une précision remarquables. C'est un ancien
introducteur de la chapelle du pape. Il se
nomme l'abbé *de Samb....*, et semble façonné
tout exprès pour les cérémonies. Toute sa personne empésée est, comme l'on dit, *tirée à
quatre épingles* : il marche à pas comptés, se
mouche en trois temps, et parle par sentences.
Au moment de la chapelle, il domine, il règne,
il triomphe. Il faut le voir, *le livre de bois* à la

main (1), faire obéir et mouvoir la foule attentive. Vous diriez d'abord un cahos où tous
les élémens sont mêlés ; mais au signal, tantôt
lent et tantôt précipité du *maître* (2), tous ces
élémens se divisent, s'assortissent, s'arrangent,
et l'ordre naît du désordre même. L'auteur de
toutes ces belles manœuvres s'applaudit également du génie qui les lui inspire et de la docilité qu'il en obtient; et l'empereur met le comble
à son orgueil, en l'assurant qu'il a remarqué
telles de ses évolutions, dont il profitera.

---

(1) Forme d'une sorte de claquette, avec laquelle un
chef des cérémonies en commande les exercices.

(2) Des cérémonies.

LETTRE XV.

A Madame de Broc.

Ah! ma chère amie, partagez ma joie, je reçois un énorme paquet de la Martinique et des nouvelles de ma mère. Elle jouit de la plus belle santé ; elle en jouissait au moins en décembre dernier. Elle ignorait alors mon élévation ; elle l'ignore encore et ne la connaîtra pas avant le mois de février. C'est votre beau frère , le chevalier de Courteilles , que je charge de le lui apprendre : ci-joint la lettre par laquelle je la lui mande. Au surplus, les habitans n'ont pas attendu , pour rendre à ma bonne mère de grands hommages, qu'elle eut des droits à les exiger : elle en a dans leur amour et peut-être aussi dans leur reconnaissance. Ceux là ne sont pas comme ceux de la puissance prescrits et passagers : sortis du cœur, c'est au cœur qu'ils s'adressent et vivent autant que lui. Tels sont aussi mes sentimens pour vous. Inspirés par un vrai mérite , ils sont éprouvés par une âme qui sait l'apprécier. Je vous aimais dans mes infortunes : mettez moi à même , dans la prospérité , de vous prouver que je ne suis point changée.

LETTRE XVI.

A Madame Tascher de la Pagerie,
à Saint-Pierre (de la Martinique.)

(Incluse dans la précédente.)

En lisant les Mille et une Nuits, ma bonne maman , nous avons quelquefois envié la si-tuation de ce dormeur éveillé , que l'ivresse a fait calife , et qui jouit de sa dignité d'emprunt comme d'un songe dont le réveil peut dissiper l'enchantement. Si je vous disais que cette si-tuation est la mienne , m'en croiriez vous ? Mais vous m'en croirez; si j'ajoute que les sen-timens du bonhomme sont les miens. M. de Courteilles , qui vous remettra cette lettre, est chargé de vous raconter les événemens qui ont amené mon élévation : ils sont et vous pa-raîtront long-temps incroyables; mais c'est parce que vous les apprendrez en masse, sans l'intermédiaire des faits, des sentimens et du temps. Ce qui vous semblerait plus incroyable peut-être , ce sont les sentimens secrets de mon époux. Brûlant, dès l'adolescence, de l'amour de la liberté, qu'il ne put jamais satisfaire, il se vit comme contraint de lui donner le change, en embrassant le fantôme de la gloire. Ce fantôme, selon lui, l'a conduit à la réalité du pouvoir, qu'il exerce, qui le croirait? avec plus de résignation que de jouissance. La force des choses a dû ramener le système monarchique, mais ayant pour appui une représentation nationale et surtout l'influence de l'opinion. Je m'arrête, dans la crainte de continuer ces excursions politiques qui nous conviennent si peu. Il m'est plus doux de me livrer aux effusions d'un cœur qui vous désire et vous chérit.

Le café est arrivé dans le meilleur état, et il n'y avait d'avarié qu'une très-petite quantité de sucre. On en servit hier à l'empereur, qui le défend comme politique, et se le permet comme gourmand. C'est d'ailleurs une débauche dont vous seule pouviez le rendre coupable, personne n'étant plus que lui-même observateur rigide de ses propres décrets.

Je vois avec une bien vive satisfaction que votre santé se conserve, aussi bien que celle de tout ce qui nous est cher. Dans l'envoi que je vous fais, et dont l'aviso *la Capricieuse* est chargé, je crois n'avoir oublié personne. Rehaussez la valeur de mes petits cadeaux, en les distribuant selon les besoins et les goûts. Que ne puis-je réunir autour de moi tous ceux qui m'intéressent! Du moins, je sais qu'ils vous entoureront, qu'ils s'occuperont de moi, et qu'après n'avoir jamais été nommée dans leurs plaintes, je le suis quelquefois dans leurs plaisirs.

Au revoir, ma bonne et tendre mère, car je ne saurais me décider à vous dire *adieu*. Il me semble toujours que quelqu'incident aussi heureux qu'imprévu, va rapprocher le monde que vous habitez de celui que j'occupe. Cette seule pensée vaut mieux pour ma santé que tous les trônes de l'Europe.

LETTRE XVII.

A Mademoiselle L. N.

Hier, en me plaçant à table, je trouvai, sous ma serviette, un petit *poulet* doré et parfumé, que je lus, sans y comprendre un mot, et que je vous envoye, vénérable sybille. C'est le moment de monter sur letrépied sacré et d'évoquer ou le diable ou Apollon. On dit que pour certains poètes, c'est le même; je n'en crois rien, quand il s'agit de vous; ou votre Apollon, du moins, est un diable bien aimable.

Billet trouvé sous la serviette de l'Impératrice.

» Qui tente le Seigneur succombera à la
» tentation. L'arc trop tendu se brisera aux
» mains du chasseur. La glace ne vaut pas
» mieux pour le gibier que le feu. Qu'il se
» garde du 23 et du 31 : c'est un ambe de
» malheur. Heureuse sa compagne, si elle

» échange sept cailloux contre trois brins de
» fougère et de paille ! Ainsi dit le prophète. »

RÉPONSE.

Que Votre Majesté, au lieu de me donner à deviner des énigmes dignes de l'almanach de Liége, m'adresse au moins des oracles proposés par le Sphinx. Pour interpréter celui-ci, il ne faut pas être Œdipe : une simple tireuse de cartes suffirait. Voici mon explication : on la trouvera, je m'en flatte, claire, naturelle et concluante.

Tenter le Seigneur, c'est-à-dire projeter, essayer, ébaucher une entreprise, c'est s'exposer *à succomber*; mais la commencer avec une immuable volonté, la suivre avec des moyens proportionnés, et soutenir ces moyens par des ressources qui en sont comme l'arrière-garde, c'est s'assurer le succès. Appliquez ceci à S. M. l'empereur.

Quand *l'arc trop tendu se brise aux mains du chasseur*, et que le cerf est rapproché de lui, il périt sous ses éclats. Qu'importe qu'il soit percé de flèches, ou qu'il succombe sous les coups de l'arc! L'important, c'est que le chasseur, assez adroit pour n'être pas atteint, soit assez proche de lui pour l'atteindre. Tel est, je crois, le caractère de la tactique de Sa Majesté.

Il est hors de doute que *la glace ne vaut pas mieux pour le gibier que le feu* : la brûlante Syrie et la Hollande gelée en rendront d'éternels témoignages. Cela n'a besoin d'aucun commentaires : faisons seulement à l'avenir l'application du passé.

A force d'être vague et de pouvoir s'étendre, cet ambe du 23 et du 31 ne signifie rien (1). Est-ce une date, le nombre des princes coalisés, le chiffre de leur traité, le jour qu'il fut signé, le numéro d'ordre des affaires, celui de la maison qu'ils habitaient, la quantité de voix données à la diète, au sénat, au conseil, le quantième de la semaine et du mois ? Je raisonnerais, ou plutôt déraisonnerais à l'infini sur des données aussi peu précises. A des problèmes tant et si peu compliqués, Cagliostro lui-même n'eût pas offert de solution. C'est à la destinée, à l'*Etoile*, ou plutôt au gé-

---

(1) La vénérable Sybille a parcouru toutes les chances, prévu tous les cas, indiqué toutes les dates, hormis le 23 OCTOBRE (*conspiration de Mallet*), et le 31 MARS (*occupation de Paris par les alliés.*)

nie de l'empereur qu'il est donné de les résoudre.

Votre Majesté a facilement compris que les
sept cailloux sont les palais qu'elle habite, et
qu'elle est en effet heureuse d'échanger contre
le toît *de paille et de fougère* du pauvre, du
malheureux, chez lequel elle va prodiguer les
consolations et les bienfaits. Si toute la France
connaissait cette partie de la prédiction, elle
en pénétrerait aisément le sens, et applaudirait
à l'explication que j'en donne, et qui n'est que
l'écho de son admiration, de son amour et de
sa reconnaissance.

Je demeure avec un très-profond respect, etc.

LETTRE XVIII.

A Madame de la ROCHEFOUCAULT.

Nous partons cette nuit à quatre heures : c'est vous dire que nous irons vous demander à déjeûner à dix. Je me hâte de vous expédier ce billet, afin que vous ne soyez pas prise au dépourvu. Vous connaissez l'activité, l'invariabilité de l'empereur : l'une et l'autre semblent redoubler avec les évènemens. Il y a une heure que j'ignorais encore ce départ. On était au jeu : Préparez-vous, madame, m'a-t-il dit, à monter en voiture à minuit. — Mais, il est plus de neuf heures. — Cela est juste : il vous faut du temps pour votre toilette. Partons à deux heures. — Où allons-nous, s'il vous plaît ? — A Mayence. — Rien que là ! Et mes pensionnaires? J'ai à régler leurs mois. — Une heure pour les malheureux, madame; pourrais-je vous la refuser? Prenez-en encore une pour écrire à vos amis. Vous n'oublierez pas madame de la Rochefoucault.

Bonsoir, ma chère amie, je vais donner

quelques minutes au sommeil : on me portera
tout endormie en voiture , et je ne me ré-
veillerai que chez vous, pour vous dire bon-
jour , et vous embrasser de tout mon cœur.

LETTRE XIX.

A Monsieur l'Archichancelier.

Permettez que j'use auprès de vous, monsieur l'archichancelier, d'un droit que je tiens de mes devoirs à secourir les malheureux, et du desir que je vous ai toujours vu de me seconder à cet égard. Il s'agit de faire obtenir un emploi dans la maison de l'empereur à M. Cyrille Desforgues : c'est un homme sans naissance, sans fortune et sans appuis ; il faut, monsieur l'archichancelier, qu'il trouve tout cela en nous. Quant à la naissance, nous savons, vous et moi, qu'elle n'est souvent utile qu'à dispenser de mérite ; et l'empereur serait encore sous-lieutenant, si, seulement pour parvenir aux épaulettes de général, il eût fallu prouver quatre quartiers. Je dirai peu de choses de la fortune, quoique, pour entrer dans son service domestique, l'empereur exige qu'on en ait une assurée : le mérite réel, les connaissances acquises, les talens de M. Desforgues le recommanderont à Votre Altesse,

qui suppléera bientôt à cette erreur de l'a-
veugle déesse. Sur le chemin où je place cet
honnête homme, il ne manquera pas de trouver des rivaux plus favorisés ou plus adroits (1);
il ne les craindra pas, et je ne les craindrai
pas moi-même pour lui, s'il vous a pour guide.
J'ai la confiance de croire que vous voudrez
bien le devenir: je fournis de nouveaux moyens
à votre bienfaisance; vous ajouterez de nouveaux motifs à ma gratitude.

---

(1) A la suite d'un voyage, l'empereur envoyait à
son ministre de la police dix-sept cents demandes de
places dans la domesticité de sa maison. Il est remarquable que la plupart de ces demandes étaient souscrites des noms historiques les plus illustrés sous
l'ancienne monarchie. Un grand nombre obtint
l'honneur insigne de bailler dans l'antichambre du
Parvenu; et l'on vit un Noailles, un Turenne, voire
même des Montmorency, décorés de la livrée impériale, obéir au coup de sonnette du fils d'*un praticien*
d'Ajaccio. Comme depuis 1815 ils ont changé de ca-
saque, et avec elle de sentimens, le roi n'a pas de
meilleurs valets.

LETTRE XX.

Au Même.

C'est demain, monsieur, qu'en l'absence de l'empereur, je donne audience au sénat et aux différentes autorités. Dans une conjoncture aussi délicate, j'ai besoin de deux choses : de vous dire quelles sont mes intentions, et de vous demander quels sont vos avis. A qui pourrai-je mieux m'adresser qu'au personnage éminent qui a toute la confiance de l'empereur, et que la France regarde, avec raison, comme son digne représentant?

Sur la communication que j'ai eue des divers discours qui me seront adressés, je vous envoie donc les réponses que je crois devoir leur faire. Je rappelle au sénat que, père de la patrie, et conservateur de ses constitutions, c'est à lui seul qu'il appartient de maintenir la balance entre les pouvoirs, sans se permettre d'empiéter sur aucun; au corps législatif, que ses fonctions sont de juger et de voter les lois, singulièrement celle de l'impôt,

sans s'immiscer dans la marche du gouvernement, que ses prétentions entraveraient; au
conseil d'état, que c'est à lui qu'est réservé
l'importante besogne de préparer, par la dis-
cussion, de bonnes lois organiques et une
législation durable; aux ministres, qu'ils ne
forment ni une corporation, ni même une
commission législative, ni l'administration, ni
le gouvernement; mais qu'au titre d'agens supérieurs de celui-ci, de premiers commis de
son chef, ils exécutent et font exécuter ses
ordres, lesquels ne sont que la conséquence
immédiate des déterminations législatives; au
clergé, qu'il est dans l'Etat, sans que l'Etat
soit jamais, ni ne puisse jamais se transfor-
mer en lui; que son domaine unique et exclu-
sif sont les consciences, sur lesquelles il ne
doit agir que pour former des citoyens à la
patrie, des soldats au territoire, des sujets au
souverain; aux corps de magistrature, qu'en
appliquant les lois sans interprétation et avec
unité de vues, et identité de jurisprudence, ils
doivent saisir avec sagacité l'esprit de la loi,
en tant qu'il accorde le bonheur des gouvernés avec le respect dû aux gouvernans; aux
savans, que le doux empire des arts, des
sciences et des lettres, tempère ce que celui

des armes (inévitable à une époque de transition et d'épreuve) peut avoir de trop austère; aux manufacturiers et commerçans, qu'ils ne doivent avoir que deux pensées, qui, au reste, n'en font qu'une : la prospérité de nos productions, la ruine des productions anglaises; aux agriculteurs enfin, que les trésors de la France sont enfouis dans son sol, et que c'est à la charrue et à la bêche, à les en tirer. Je n'ai rien à dire aux braves des deux armées : ce palais est plein de leurs exploits; et c'est sous une voûte de drapeaux, conquis par leur valeur, que je porte la parole. Que je sache maintenant avec franchise si je suis digne de l'adresser ainsi à l'auguste assemblée qui doit m'entendre.

FIN DE LA CORRESPONDANCE.

ANECDOTES ET FRAGMENS.

Portrait de Joséphine.

Voici le portrait qu'a tracé de cette princesse une personne admise dans son intimité.
Ce n'est qu'une esquisse formée de traits pars ;
mais elle est exacte, et des linéamens qui la
composent, résulte une physionomie ressem-
blante.

« Quelques années avant que la fortune
eût, d'un tour de sa roue, jeté Joséphine sur
le trône, elle avait atteint le plus haut point
de ce qu'on était convenu d'appeler sa beauté.
Si, pour mériter qu'on vante cet avantage
dans une femme, il faut qu'elle joigne à la
régularité des formes la noblesse et l'élégance,
cette princesse n'était point belle. Mais combien une physionomie, animée par l'esprit et
surtout par le sentiment, touche plus et parle
mieux à l'âme, que la froide correction et la
dignité symétrique ! Ces qualités, que l'artiste

recherche dans les antiques, manquaient totalement à Joséphine, dont le joli visage , soumis à la plus piquante mobilité, exprimait vivement et rapidement toutes les émotions de son âme. On a dit d'un *monstre en morale*, prodigieusement laid , qu'il avait l'âme retournée sur le visage. Celui de madame *Bonaparte* (1) était le miroir de son cœur : miroir où se jouaient les grâces et qu'embellissaient, à chaque moment, une bienveillance universelle; et ces dispositions tendres qui, dans tout être sensible, cherche un malheureux à plaindre et à soulager. Ce penchant à la bienfaisance, le trait dominant de son caractère , s'étendait à tout : de la main qui laissait couler l'or, sans calcul et quelquefois sans prévoyance, elle prodiguait des caresses à un animal souffrant, ou ranimait, par une onde pure, la plante fanée sur sa tige. Des changemens de fortune n'en amenèrent aucun dans cette bonté pratique : presqu'indigente à Fontainebleau , elle trouvait dans un strict nécessaire le superflu de plus indigens qu'elle; impératrice et

---

(1) Ce nom survivra à ses qualifications, et n'en a plus besoin.

reine, son obligeance, étendue jusqu'à la munificence, suivit le vaste cours de sa fortune·
Ici, je m'arrête, pour ne point anticiper sur
les droits du panégyriste : cinq mille pauvres
pleurant autour de son cercueil sont bien éloquens; et quand leurs sanglots élèvent jusqu'à
Dieu leur reconnaissance et leurs regrets, les
Bossuets peuvent se taire (1).

» Qu'elle devait être aimée cette femme aimante ! Qu'on en juge par ce trait : Lorsque
couronné de vingt diadêmes, la France énorgueillie et l'Europe tremblante ajoutèrent au
nom de *Napoléon* le titre de *Grand*, quel
fut celui qu'elles donnèrent à l'impératrice ? Il
y eut une médaille frappée à JOSÉPHINE-LA-
BIENFAISANTE. Elle et Stanislas (2) exceptés,
je vois peu de souverains que cette épithète
ait tentés : c'est que pour la mériter, ce ne sont

---

(1) Il n'y eut pas d'oraison funèbre épiscopale prononcée à la cérémonie des obsèques ; point d'armoiries, ni même de chiffres autour du cercueil, et les
journaux, en annonçant la mort de l'*Impératrice-
reine couronnée*, se servirent de cette expression remarquable : *une auguste* PERSONNE...

(2) L'ancien roi de Pologne, duc de Lorraine, fut
surnommé *Stanislas-le-Bienfaisant*.

pas des courtisans qu'il faut accabler de pensions, c'est sous le chaume, au chevet des
prisonniers qu'on gagne de tels surnoms, et
les voix qui les proclament sont bien la voix de
Dieu.

» Maintenant que j'ai esquissé de Joséphine
tout ce qui lui survivra, faut-il dire quelques
mots de l'enveloppe d'une si belle âme? Nous
ne haïssons pas qu'une bonne femme soit aussi
une jolie femme, et j'ai déjà dit que sous ce
double aspect rien ne manquait à Joséphine.
Plus d'un poète se fit, en sa faveur, plagiaire
de Voltaire, qui eût trouvé, pour madame
Bonaparte, comme pour la marquise de Vi-
lette, le joli sobriquet de *Belle et Bonne.*

» D'une taille très-ordinaire, mais parfaitement modelée, elle avait dans ses mouvemens
une souplesse qui lui rendait facile la pose
négligée que les peintres donnent à Vénus, et
l'attitude qui convient à la majesté d'une reine.
Sa mobilité continuelle donnait à sa physionomie une expression toujours nouvelle, mais
toujours attrayante, même dans les émotions
tristes. Celles-ci, loin de contracter ses traits
par des convulsions grimaçantes, leur impri-
mait ce charme indéfinissable que nous trou-
vons à contempler une belle personne affligée;

et ce charme devenait aisément sympathie, en voyant les larmes de Joséphine, puisqu'elle en versait si souvent pour les malheureux.

» Voulez-vous maintenant vous faire une idée de quelques accessoires que plus d'un amateur, sans compter les artistes, préférera au principal? Disons un mot de ses yeux, et surtout de son regard. Ses yeux, d'un bleu foncé, étaient longs et voilés par des paupières soyeuses et légèrement courbées : on connaît le regard *velouté* de ces yeux-là; tel résiste à l'ardente prunelle d'une femme passionnée, tel brave le coup-d'œil impérieux d'une coquette, et même l'insidieuse obliquité des yeux d'une prude, qui ne trouve pas de force pour résister à ceux dont nous parlons. C'est qu'il y a, dans leur expression habituelle, une constante bienveillance qui encourage, et à laquelle, sans y songer, on laisse aller toutes ses facultés. J'ai tort de dire toutes ses facultés; car, en vérité, quand on envisageait Joséphine, on sentait son cœur ému et ses sens tranquilles; on se disait : Voilà une femme qui me fera du bien, et presque jamais, voilà une femme qui me donnera du plaisir.

» Les peintres, les statuaires et les amans ont un goût particulier pour les cheveux; s'il

était honnête de citer ici Anacréon, je parle-
rais du sien pour la chevelure de Bathyle :
c'était un amas négligé d'anneaux blonds et
soyeux, qui se jouaient sur un col d'ivoire et
sur un front que colorait encore le doux in-
carnat de la pudeur. Horace, je crois, parle
d'une Cinthie aux cheveux noirs et bouclés :
ceux de madame Bonaparte participaient de
ces deux teintes et en offraient une troisième
intermédiaire très-bien assortie au ton de la
peau. Quand j'eus l'honneur d'approcher cette
princesse (elle était princesse alors) ses cheveux, retenus dans un mouchoir des Indes,
d'un rouge vif, s'échappaient en anneaux
pressés de ses plis roulés en turban : rien de
plus simple, rien de plus élégant que cette
coiffure, qui donnait à la première souveraine de l'Europe la tête d'une jolie créole.
J'avais avec moi le célèbre Visconti, de numis-
matique mémoire : Dieu soit loué, me dit-il
plein de joie, j'ai retrouvé le profil de l'impératrice Livie !

» Tout ce qui a entendu parler Joséphine
garde encore dans l'oreille ce timbre péné-
trant et moëlleux qui la satisfaisait ; tout ce
qui a eu le bonheur de l'entendre chanter, en
conserve un souvenir plus charmant encore.

Sans étendue et presque sans méthode, quoiqu'elle fut bonne musicienne, sa voix avait cette
sorte de mélodie légèrement tremblante qui
semble vibrer d'accord avec ceux qui l'écou-
tent : c'étaient des sons d'une qualité médio-
cre, mais des accens sortis du cœur et qui
allaient aussi trouver le cœur.

» Quand elle fut sur deux trônes, on vanta
beaucoup son talent sur la harpe et sur le
piano. Je ne connais pas de souveraine qui, de
son vivant au moins, n'ait eu toutes les vertus
et tous les talens. Moi, j'avoue que ceux de
madame Bonaparte étaient supérieurs à ceux
de l'impératrice; mais, par compensation, rien
ne put surpasser les vertus de celle-ci.

» C'est une coquetterie piquante et permise
dans une jolie femme que la simplicité; dans
celle qui ne l'est point, c'est une excuse. Madame Bonaparte n'en avait pas besoin. Aussi
n'était-ce nullement par ce motif que, dans
la toilette la plus élégante, la plus recherchée
et la plus dispendieuse, elle affectait un certain
désordre pittoresque et une négligence tout-
à-fait attrayante. Imitatrice en cela, ou si vous
l'aimez mieux, rivale de la belle madame Tal-
lien, avec laquelle on la vit, durant plus de
quinze mois, charmer les ennuis du veuvage,

et porter aux spectacles, aux promenades et dans les salons de Barras, le désir de plaire et d'obliger qui était devenu le besoin de son cœur.

» Il ne faut point décrire les appartemens d'une souveraine : magnificence, prodigalité, le plus souvent mauvais goût, tels en sont ordinairement les caractères principaux. L'intérieur de la vicomtesse Beauharnais était tout autre. Elégance et désordre : en deux mots, c'est en donner l'idée. De riches gravures fixées sur un papier vert-d'eau, sans bordure ni glace; des instrumens de musique discors et des partitions jetées sur des meubles mal conservés; beaucoup de brochures, quelques livres épars, auxquels il fallut joindre, quand la vicomtesse devint *générale*, le fatras poétique de tous les rimeurs qui, ne buvant que de l'eau de Seine, croient fermement mettre à sec chaque matin la limpide Castalie.

» Encore une question sur la bonne Joséphine : Etait-elle instruite? Non ; hormis le théâtre, quelques poètes et certains romanciers, elle savait peu. Cependant, elle a essayé d'écrire, ou du moins le fragment que nous allons copier à la suite de ce portrait lui est-il attribué. Je n'ai que faire d'en noter les incorrections : le moindre grimaud, qui se croit un Dessault ou un Hoffmann, les signalera de reste. Quant aux connaissances positives de madame Bonaparte, outre la musique, comme je l'ai dit, elles se bornaient à la botanique. Ce goût, qu'elle a poussé fort loin, lui a fait élever les magnifiques serres de Malmaison, qui honorent sa mémoire presqu'autant que les pensions léguées aux indigens. Lorsque réveillée de ses songes magiques, un divorce, une abdication lui eurent montré le néant des grandeurs humaines, elle se consolait de leur perte à l'aspect de ces belles plantes exotiques qui, dans la terre de l'exil, retrouvaient sur leur tête un soleil indigène. Une robe de mousseline remplaçait la pourpre de l'empire ; et, sur sa tête, où rayonnaient naguères tous les diamans de la couronne, on voyait briller encore un diadème ; mais il était de roses et de bluëts.

FRAGMENS

Attribués a Joséphine.

Unie au plus grand homme du siècle, j'ai besoin de le bien connaître pour le bien apprécier, et de le bien apprécier pour modeler ma conduite sur la sienne. En conséquence, j'ai pris la résolution de tenir note de tout ce que je saurai de lui de remarquable, soit dans ses actions, soit dans ses discours. Quelqu'amour que j'aie pour lui, quelques respects que je lui porte, je ne le crois pas sans défauts ; mais d'abord je ne lui connais aucun vice capitale et durable : ses torts sont seulement des excès momentanés d'une âme forte et grande qui ne veut opiniâtrement, que quand elle a long-temps médité, et qui ne fait explosion que lorsqu'elle trouve dans les passions des autres une résistance déraisonnable ; ensuite j'observe, depuis de longues années, que ses écarts mêmes ont non - seulement quelque chose d'original et de singulier, mais aussi quelque chose d'utile. Quant à moi qui, quelquefois peut-être, aurais à m'en plaindre, puisque je ne suis pas sans en souffrir, je tire d'eux autant de leçons que j'en peux tirer d'actes d'une toute autre nature. Je ferai donc bien, pour mon usage, d'enregistrer les uns et les autres.

17 *Janvier* 1802.

A Lyon.

C'est à travers les acclamations du contentement que nous avons fait la route de Paris à Lyon; c'est au milieu des cris de la reconnaissance que nous sommes entrés dans cette dernière ville. Elle sort, pour ainsi dire, de ses ruines, et présente déjà, sur la place Bellecour et dans ses principales rues, des édifices plus beaux que ceux qui furent démolis. Les manufactures ont repris leurs travaux, et le nom du Premier Consul se mêle tout naturellement aux chants des ouvriers. Nou avons reçu leur députation, dont l'orateur a peu parlé, mais bien ; appuyant sa harangue laconique d'échantillons que j'ai trouvés admirables, et que l'empereur a appelés *éloquens*. En effet, rien ne charme les yeux

comme ces belles étoffes , si habilement tis-
sues et si artistement nuancées ; comme rien
ne parle plus à l'âme , quand on se rappelle
qu'il y a bien peu de temps que tous les mé-
tiers dont elles sortent étaient muets ou pou-
dreux , et qu'ils ont repris leur mouvement
productif, à la voix de cet homme qui le rend
à tout l'état.

Dans tout ce que dit le Consul, relativement
à l'industrie , aux productions , et au commerce français , je remarque deux choses :
l'une qu'il aime passionnément la France l'autre
qu'il déteste cordialement l'Angleterre. Quand
je dis qu'il la déteste, c'est comme politique,
et non comme homme : à ce titre , il l'admire
souvent , et quand nous sommes seuls , il cite
ses grands hommes , et vante ses productions.
Mais publiquement il les déprécie ; et les com-
parant aux nôtres , il trouve toujours des motifs pour les placer au-dessous. Il faut avouer
que relativement à beaucoup , ces motifs ne
sont pas des prétextes. En fait de velours et de
soieries, par exemple, qui oserait le disputer à
Lyon ? C'est grand dommage que la mode en
soit passée ; mais ne pouvant l'étendre au commun des habillemens, le Consul a du moins le
projet d'en composer ceux des grands fonc-

tionnaires. Il en sera de même des meubles auxquels on ajoutera le riche accessoire des broderies. Hier, en son nom, et avec le plus vif plaisir, j'en ai commandé pour cinq cent mille francs. Le Consul destine cette magnificence, partie à des cadeaux, partie à l'ameublement des Tuileries.

21 Janvier.

Le Premier Consul m'avait quittée hier soir assez soucieux. Ce matin, je suis passée chez lui un peu inquiète. Il se promenait dans la seconde pièce de son appartement, tantôt avec lenteur, tantôt à pas précipités. J'ai demeuré quelques minutes dans la première, à l'examiner avec anxiété. Il s'est assis, a porté la main à son front, et est resté immobile. Alors mon inquiétude a redoublé, et je me suis approchée. Au bruit de mes pas, il s'est comme réveillé, et s'élançant avec vivacité: Qu'y a-t-il! s'est-il écrié; que voulez-vous? Puis, me reconnaissant : pardon, ma chère amie, a-t-il ajouté; je rêvais... je réfléchissais... En disant ces mots, il montrait dans les yeux quelque chose d'égaré. Je lui ai pris la main, et lui ai demandé qu'il s'expliquât. S'approchant alors d'un almanach suspendu à la tapisserie : lisez

cette date ! s'est-il écrié ; j'ai lu 21 *janvier.*
Alors j'ai baissé les yeux , je me suis senti frissonner et pâlir, et j'ai compris le motif de son
souci. J'ai pourtant cherché à l'écarter par
quelques raisonnemens , et mieux encore par
des caresses. Mais mal convaincu par les uns ,
peu sensible aux autres, il m'a dit, en fixant
sur moi des regards d'une expression singu-
lière : Je succède à sa puissance , je succéde-
rai à ses malheurs.

Mai 1803.

A PARIS.

JE copie avec peine, et joins à mon journal
l'extrait d'une feuille périodique qui a raconté ,
en la louant beaucoup trop, une action fort
simple en elle-même, mais qui du moins a
produit une bonne détermination. C'est précisément cette détermination que je veux constater.

« Madame Bonaparte, en multipliant les
actes de sa bienfaisance, justifie à-la-fois le
haut rang qu'elle doit à son illustre époux, et
la considération universelle qu'elle ne doit
qu'à elle-même. Dimanche dernier, au sortir
de la messe, une jeune femme, de la classe

ouvrière, l'aborde en tremblant, et les larmes aux yeux, lui demande audience. Cette faveur accordée, la jeune femme déclare, en sanglotant, à l'épouse du Premier Consul, qu'elle va être mère pour la seconde fois, et que pour la seconde fois aussi elle se voit condamnée à abandonner son enfant. Quel peut être le motif d'une action aussi dénaturée dans une jeune personne, dont la figure aimable et douce, la voix attendrie, le costume simple, mais propre, le langage honnête, et plus que tout cela, les larmes et l'accent pathétique, décélaient une sorte d'éducation et beaucoup de sensibilité? Quel motif? Le besoin, la misère, la dévorante misère qui semble fermer aux maux mêmes de ses proches un cœur fait pour les sentir et les soulager. Encouragée par l'accueil qu'elle reçoit, la jeune personne s'explique avec confiance et même avec effusion. C'est une lingère qui, jusqu'à l'âge de dix-neuf ans, avait vécu dans l'ignorance, dans l'innocence et dans l'accomplissement de ses devoirs. Sa mère, dont elle était la fille-unique et chérie, était tout pour elle, comme elle avait promis d'être tout pour sa mère. Ses trois années d'apprentissage, la première année qu'elle passa chez une lingère, avaient été consacrées au travail et à la vertu. A cette époque, elle fut envoyée chez une dame pour y porter de l'ouvrage; et sa mauvaise fortune voulut que cette dame âgée, respectable, et comme on l'a su depuis, malheureuse, eût un mari infidèle et libertin. Il vit la petite ouvrière, la trouva charmante, et forma le dessein de la séduire. Les moyens qu'il employa pour y parvenir sont étrangers à ce récit. Qu'il suffise de savoir, qu'après dix mois de tentatives, il réussit. Mais en trahissant la vertu, sa victime n'avait point oublié la pudeur. Et c'est au nom même de cette pudeur, qui peut devenir cruelle, que fut délaissé le premier fruit de la séduction. Les regrets, les remords avaient séparé le corrupteur de sa victime; il s'en rapprocha par un repentir apparent, dont sera toujours duppe toute jeune inexpérimentée. Cependant une seconde grossesse, après avoir exigé les mêmes précautions, pour en soustraire la connaissance à une mère inquiète et à une épouse soupçonneuse, semblait exiger le même sacrifice : c'est au moins ce qu'avait prononcé le père dénaturé. Et c'est tout à-la-fois contre l'exécution de son premier arrêt, et contre le projet du second, que la petite infortunée avait ima-

giné de solliciter la protection de madame
Bonaparte. Ceux qui ont le bonheur de la connaître et l'honneur de l'approcher devinent
aisément le dénouement de ce petit drame. Il
était impossible qu'il se terminât par le mariage
qui répare tout; du moins a-t il fini par une de
ces mesures qui adoucissent tout. Son premier enfant a été rendu à la jeune personne,
qui a reçu, pour l'élever et pour ménager la
naissance très-prochaine de l'autre, des conseils salutaires et d'abondans secours. Sur un
prétexte, dont sa cupidité s'est contentée, le
séducteur, qui ne manque ni d'intelligence,
ni d'acquit, a été envoyé remplir, dans un département frontière, une place d'employé.
Son épouse, qu'on n'avait nul besoin d'instruire d'une conduite dont, sans bien connaître
la cause, elle ressentait les effets, n'a pas vu
son éloignement sans satisfaction. Quant à la
mère de la jeune lingère, lorsqu'elle a appris
les malheurs de sa fille, ils étaient à-peu-près
réparés : toutefois l'honneur perdu ne se retrouve pas.

» Sur la demande de madame Bonaparte,
les consuls ont affecté des fonds au paiement
des mois de nourrice des enfans abandonnés.
Il n'y a pas long-temps qu'elle en sollicita,

qu'elle en obtint aussi pour un hospice de vieillards, qu'elle protége spécialement. Ainsi les deux extrémités de la vie lui devront l'existence et la sécurité. Il est doux, il est touchant d'entendre son nom balbutié par l'amour dans les berceaux de l'enfance, et prononcé par la reconnaissance de la vieillesse, déjà assise sur la tombe ».

Décembre 1803.

Copie d'une lettre, écrite du collége de Bar, à Madame BONAPARTE.

7 Frimaire, an 12.

« Tout retentit de vos louanges, madame; serais-je le seul qui n'y pourrait joindre les miennes ?

» On dit que c'est sur votre recommandation que les lycées ont obtenu des bibliothèques : cela certainement est très-heureux pour les lycées; mais cela ne laisse pas que d'être fort triste pour les institutions qui n'ont que le titre de colléges.

» Quant à eux, madame, voici le petit raisonnement que je me suis fait : si l'instruction des lycées, me suis-je dit, est aussi supérieure à celle des colléges, que la qualification de de ceux-ci est inférieure à celle de ceux-là, en quoi ont-ils besoin de bibliothèques, et pourquoi les autres n'en auraient-ils pas besoin? En d'autres termes : pourquoi porter de l'eau à la rivière? Pourquoi en refuser au terrain fertile, mais desséché, qui ne demande qu'à être arrosé pour produire ?

» Delà, pourtant, je n'en conclus pas qu'il ne faut plus de livres aux lycées, mais qu'il en faut aux colléges.

» Mais l'importance de ce petit syllogisme ne vient pas de sa régularité ; elle vient de celle que vous aurez la bonté d'y mettre, madame.

» Il est surtout un homme qui se connaît aussi bien en logique qu'il se connaît en tout ; s'il trouve mon raisonnement concluant, je m'en rapporte à lui pour l'application.

» Au surplus, je ne suis point exigeant, et voici de quoi le mettre à l'aise : s'il n'estime un collége que la moitié d'un lycée (n'importe dans quel sens), qu'il nous donne une moitié de bibliothèque, mais une moitié numérique;

et qu'il me charge de compenser la quantité
par la qualité. Il faut bien peu d'or pour beaucoup de billon.

» Au moyen d'un arrangement si raisonnable, nous promettons de ne pas augmenter le
nombre des puissances armées contre le consul; et, toute raillerie cessante, cette considération n'est pas à dédaigner : n'est-ce pas d'un
petit collége de province qu'est sorti le héros
qui fait trembler l'Europe?

» J'ai l'honneur d'être, etc.,

Isidore DEMANGIN,

Etudiant en philosophie. »

— En marge de cette lettre qui n'a pas dé-
plu au premier consul, il a écrit : « Renvoyé
au travail de la commission, chargée d'organi-
ser l'instruction publique. En attendant, accordé au collége de Bar cinq cents volumes, au
choix de M. Isidore Demangin.

BONAPARTE. »

4 *Février* 1804.

AVANT-HIER vendredi, j'ai eu la visite de
M. de B., ancien officier supérieur au service
de France. C'est un homme de moyen âge,

15

d'une physionomie très-expressive, et qui, né en Corse, a toujours été lié avec la famille Bonaparte, dont je le crois même un peu parent. Il y a quelques années, qu'ayant rencontré le général en Italie, ils renouvelèrent connaissance, et commencèrent une sorte d'amitié. Le général avait sollicité et obtenu sa radiation de la liste des émigrés. En échange, et comme il connaît M. de B. pour un bon staticien, il lui avait demandé le tableau exact de la Corse. Ce tableau fut envoyé il y a plusieurs mois, et le consul en a été satisfait. En conséquence, il a envoyé à son ami une commission d'administrateur-général de la Corse, en y ajoutant ces mots : « Vous avez décrit la théorie en » homme qui peut passer à la pratique. Il faut » exécuter ce que vous avez pensé. » Mais M. de B. est un homme livré, dans un coin de terre, à deux passions, ou pour mieux dire, à deux goûts fort respectables, fort modestes, et qui ne s'accomodent nullement des déplacemens et de la publicité : il est agronome et dévot. D'autres me sollicitent pour obtenir des places ; lui, implore, comme une grâce, qu'on lui ôte la sienne : c'était l'objet de sa visite.

J'en ai parlé ce matin au consul : c'est un niais, s'est écrié celui-ci, en s'emportant. Au

surplus, il peut avoir ses raisons; je le verra[1]
et les connaîtrai.

Eh bien! général, a crié le consul, en voyant
entrer M. de B! vous me refusez donc? — Je
suis sensible, comme je le dois, à votre souvenir; je suis reconnaissant... — Vous n'êtes ni
sensible, ni reconnaissant; vous êtes égoïste.
Pourquoi me refusez-vous? — Ma santé en
est la seule cause. — Eh bien, l'air natal la
rétablira. — Je suis acclimaté. — Un château,
une terre superbe, d'anciens droits que vous
ressuscitez? — Rien de tout cela : une modeste
métairie et une exploitation rurale fort bornée..... comme ma fortune..... (à demi-voix)
comme mes desirs. — Il n'est pas défendu de
songer à sa fortune : venez prendre place au
sénat. — Je suis confus de tant de bontés; mais
j'ai vraiment besoin de repos. — Vous ne me
dites pas tout. Je sais que vous êtes dévôt.
Que faites-vous dans votre bicoque? — Des
essais. — Vous priez! — Pour le succès de vos
armes, pour le maintien de la république. —
Vous ne l'aimez point, vous ne voulez pas la
servir. — C'est parce que je l'aime que je refuse : je la servirais mal. — Quelle obstination! ainsi je ne puis compter sur vous? —
Comptez sur mes vœux les plus sincères. —

Voilà, a ajouté le consul, avec humeur, le premier homme qui me lasse par ses refus ! J'aime encore mieux l'être par des sollicitations. A ces mots, il a salué froidement M. de de B., auquel j'ai grand peur qu'il ne garde long-temps rancune.

Janvier et Mars 1805 (1).

La multiplicité et la rapidité des événemens m'ont empêché d'en mettre dans mon journal : en le relisant, je m'aperçois de certaines lacune, dont la plupart sont irréparables. Je vais, par des efforts de mémoire, et quelques notes que je retrouve, suppléer aux plus notables. Voici une de ces notes que madame de la Rochefoucault m'apporte, et dont elle n'a retrouvé qu'une partie. L'autre, puisqu'il faut l'écrire, fut employée, autant que je me le rappelle, à faire des papillotes. Indépendamment du mérite très-réel de la personne qui l'a

____

(1) Voyez, sur l'élévation de Joséphine au rang d'impératrice, une lettre insérée dans la *Correspondance générale* : cette lettre, qui, comme la plupart de celles de cette princesse, n'est datée que du jour de la semaine, paraît être du mois de mars 1804.

écrite, c'était, il faut en convenir, le sort qu'elle méritait. Cependant son objet fut presque rempli, et madame de la R. B. obtint une place.

A Sa Majesté l'Impératrice (1).

MADAME,

VOTRE Majesté va prouver à l'Europe qu'elle est digne du rang où le bonheur des circonstances l'a fait monter : elle n'a, pour cela, qu'à jeter les yeux sur le nom qui décore cette demande, et agir en conséquence.

Dans la société que fréquentait madame la vicomtesse de Beauharnais, ce nom n'a pas manqué de frapper souvent ses oreilles : cela suffit sans contredit pour le recommander à

____

(1) Près de dix-sept mille pétitions, adressées pour obtenir des places dans la domesticité de l'empereur, de l'impératrice et des princes de la nouvelle dynastie, furent souscrites des noms historiques les plus illustres. Voyez l'*Almanach impérial* de 1805 à 1814.

l'impératrice. Quant à la personne qui a l'honneur de le porter, comme l'élévation de son existence lui permit rarement d'avoir celui de se rencontrer avec madame la vicomtesse, elle se croit obligée d'entrer, à cet égard, dans quelques détails avec Votre Majesté.

Lorsqu'un usage plus long de la puissance souveraine aura fait connaître à Votre Majesté les illustres maisons avec lesquelles elle est appelée à la partager, elle apprendra que, de toutes celles que l'Allemagne révère comme antiques, et redoute comme puissantes la mienne, une des plus antiques, et jadis la plus puissante, compte des alliances sur tous les trônes et des hommes d'état dans tous les cabinets.

Issue d'une branche collatérale de la Maison de Lorraine, alliée par les femmes aux Bourbons de Naples, il n'est pas de rang auquel je ne puisse monter, il est peu de prétentions que je ne doive raisonnablement avoir.

Les miennes cependant se bornent à demander à Votre Majesté la place de sa dame d'honneur : comme c'est la première de la cour, et qu'elle ne fut pas dédaignée par une personne, qui depuis devint reine de France (1), je ne crois ni m'avilir, en la sollicitant, ni déroger en l'exerçant.

Si cet emploi n'eût pas été promis par la feue reine, nul doute que je ne l'eusse rempli auprès d'elle : elle eût acquitté ainsi la dette des convenances et du sang.

Plus heureuse que cette souveraine infortunée, Votre Majesté accomplira ses intentions. En m'accordant une place à laquelle j'ai tant de droits, je jouirai sans doute de tous ses avantages ; mais Votre Majesté en aura tout l'honneur.

J'ai celui d'être, etc.

> *Alexandrine*, duchesse DE LA R. B.,
> *née* princesse *de Daufremont.*

En marge, est écrite cette apostille : « Recommandée à l'Empereur. »

> Signé JOSÉPHINE.

Et de la main de S. M. : « La requérante » étant trop grande princesse pour être dame

----

(1) Madame de Maintenon fut nommée dame d'honneur de la dauphine, mais elle refusa.

» d'honneur, nous la nommons *Dame d'An-*
» *nonce* du palais de l'impératrice.

Signé Napoléon. »

Et plus bas, au crayon : « *Ce qu'elle a ac-*
cepté. »

Avril 1808.

Nous partons ce soir de Saint-Cloud pour visiter toute la partie occidentale de la France. Je tracerai quelques notes au crayon.

A une lieue et demie d'Etampes, nous avons été arrêtés par une troupe de jeunes gens des deux sexes, qui nous ont offert, les uns des cerises, les autres de roses. L'empereur a fait arrêter dans leur village, et a mandé le maire et le curé. Le premier est un paysan goguenard qui a raillé ses habitans sur la nature de leurs cadeaux. Il est certain, a dit l'empereur, que quelques beaux qu'ils soient, un épi et un raisin eussent été plus rares. En voici trois de chaque façon, a répliqué le magistrat campagnard : leur date est du 29 avril; avouez, Sire, que ce n'est pas mal travailler. La nature est bénie dans ce canton, a dit l'empereur, en me présentant le bouquet : prenez, madame, et n'oublions jamais ceux que la Providence n'oublient point. La Providence, a ajouté le curé, bénit toujours les hommes laborieux, parce qu'ils accomplissent la plus importante de ses lois. Voilà, a répliqué l'empereur, en faisant fouetter les chevaux, voilà des gens qui réunissent les fleurs et les fruits, l'utile et l'agréable : ils méritent de réussir (1).

A Orléans.

La garde nationale était sous les armes, et les autorités en grande tenue. A ses sourcils froncés, j'ai vu que l'empereur n'était pas content. Il m'est pénible, a-t-il dit, d'avoir à payer par des sévérités les témoignages d'allégresse; mais ce n'est pas au peuple que j'ai des reproches à faire. J'en adresse aux autorités. Elles administrent mal, elles n'administrent point. A quoi ont été employées les sommes que j'avais accordées pour le canal? il faudra en recommencer le compte qui ne me satisfait point.

---

(1) Nous copions exactement ces notes, sans nous charger d'expliquer comment en avril il pouvait y avoir du blé et des raisins en maturité. Les naturalistes expliqueront ce phénomène.

Pourquoi, sur les bordereaux de vente, y a-t-il en deux mille arpens des ordinaires de 1805 et 1806, totalement supprimés ? J'en exige la réintégration. Les domaines nationaux sont en baise depuis dix-huit mois : c'est l'époque de votre gestion, M. le préfet. De ce moment, les transactions ont été difficiles : d'où vient cela ? Je n'ignore pas qu'il existe ici deux opinions aussi opposées au gouvernement qu'elles le sont entre elles. Je ne veux pas qu'on leur fasse la guerre, en tant qu'opinions ; mais s'il en résulte des faits, et que ces faits soient des crimes, point de pitié. — Après cette mercuriale, l'empereur a repris un ton moins austère, *et il a causé.* Il s'est entretenu familièrement avec l'évêque, avec le maire, avec le président de la Cour impériale, même avec le préfet. Ce dernier a essayé de se justifier ; mais si l'on peut combattre les faits, comment les détruire ? Il est trop certain que, dans ce département du Loiret, les jacobins et les émigrés tour-à-tour ont été protégés. Il faut une administration ferme et neutre qui ne protége que les bons, et qui ne fasse peur qu'aux factieux, et assure enfin une tranquille liberté par le règne des lois.

A Bordeaux.

Il y a ici deux esprits bien distincts et en sens inverse de ceux qui dominent dans la presque totalité de la France. Là, le peuple aime la révolution, et les classes privilégiées seules s'opposent à ses progrès, ou plutôt arrêtent ses résultats. Les résultats de la révolution sont des institutions fortes, libérales, et que le temps, qui use tout, achève au contraire de consolider. Pour fonder ces institutions sur les ruines des partis, il a fallu un conquérant devenu législateur, et ce législateur continuant encore d'être conquérant. Tout se lie dans la restauration d'un état. Enchaîner les factions, en métamorphosant leurs passions en intérêts communs, ce serait peu, ce ne serait au plus que la moitié de la besogne, si à ces intérêts on n'attachait pas les voisins. Pour être maître chez soi, pour y être heureux et glorieux, il ne faut pas craindre que les voisins mettent le feu à votre habitation ou à la leur ; il ne faut pas avoir à redouter des procès pour un mur mitoyen. Comment donc les forcer à être sages ? En les forçant d'abord à être soumis ; puis, après avoir reconnu et constaté votre supériorité, leur tendre une main toute à-la-fois fraternelle et protectrice, dont la tutelle les rassure sans les humilier. De cette position respective naîtront la confiance, le respect et l'amour. Mais, si dans l'intérieur des habitations, quelques égoïstes, au lieu de se livrer à la défense commune, à la consolidation de l'établissement commun, leur dérobaient leurs ressources pour les consacrer à de petits calculs privés, croit-on qu'ils ne seraient pas les ennemis du plan général qui dérangerait leur plan particulier? Trop bornés pour voir au-dessus d'eux, trop imprévoyans, trop peu pénétrans pour percer l'avenir, ils sacrifieraient tout au présent, au présent qui dévore l'avenir, quand privé de prévoyance et d'économie, il ne l'assure. Cette doctrine, qui est celle dont l'empereur fait l'application à la France, a été accueillie par cette France dévouée, qui a compris qu'un moment de transition, d'épreuves et de réparations, n'était et ne pouvait être l'époque des jouissances. On sème aujourd'hui, me disait l'empereur, dans les larmes et dans sang; on moissonnera la gloire et la liberté. Voilà ce que l'égoïsme mercantile empêche de comprendre à Bordeaux. Au rebours du reste de l'empire, le peuple est ici l'ennemi des institutions nouvelles : il n'y voit qu'un obstacle, non au commerce, mais à son commerce. Que lui importe le bonheur de demain ? C'est le gain d'aujourd'hui qu'il lui faut.

Quelques faits ont confirmé ces observations. En allant à la comédie, les applaudissemens ont été rares parmi la foule : dans l'intérieur de la salle, ils étaient multipliés et continus.

Le coup-d'œil du port est magnifique : tous les vaisseaux étaient pavoisés et tiraient de minute en minute. A leurs salves répondaient celles du fort. Toute cette population agitée et, malgré son mécontentement, joyeuse; cette variété de cris, de chants, de mouvemens et de costumes, présentaient un spectacle ravissant. Nous avons remarqué surtout une danse basque composée de trois cents jeunes gens des deux sexes, petites vestes brunes, pantalons bleus, ceintures rouges, chapeaux de paille relevés avec rubans et bouquets, et qui, au son des instrumens, des castagnettes et du tambourin, s'élançaient, s'enlaçaient, tournoyaient et sautaient avec autant de prestesse que d'élégance.

Demain nous partons pour Bayonne.

A Bayonne.

A deux lieues de cette ville, on a donné à l'empereur un spectacle digne de lui. Sur le revers d'une montagne adoucie en différens, endroits de sa pente, est assis un de ces camps que la providence de la patrie a créés pour la retraite de ses défenseurs. Il se compose de sept jolies habitations, de formes et d'aspect différens, toutes isolées, entourées d'un verger en plein rapport, d'un potager, d'une basse-cour bien peuplée et auxquelles, à différentes distances, est attachée une quantité plus ou moins grande d'arpens labourables, que la diversité des terrains a fait ensemencer de céréales variées. L'un des flancs de la montagne est hérissé de roches découpées d'une manière bisarre, et auxquelles pendent de longues plantes saxatiles, avec leur verdure nuancée et leurs fleurs de toutes couleurs, que le vent agite pour le plaisir des yeux. L'autre côté de la colline semble tapissé de riches étoffes, dont les cultures colorées par leurs produits rappellent l'idée. Une forêt toujours verte couronne la crête de cette fabrique, dont une petite rivière coulant tranquillement dans un

lit étroit, profond et verdoyant, arrose le
pied. Un pont élégant jetté sur cette rivière
facilite la communication du camp à la ville ;
et quelques tentes dressées sur la rive, du côté
de Bayonne, sert à la fois de déffense aux habitations et d'ornement à la prairie. C'est là,
c'est en avant de ces tentes, que les vétérans
qui les occupent, ont donné à l'empereur une
petite fête à la fois champêtre et militaire. Les
femmes, les filles, les jeunes enfans de ces
braves en fesaient le plus doux ornement,
comme eux-mêmes en font le plus beau. Au
milieu des faisceaux d'armes, on voyait des
arbustes tous couverts de fleurs ; et tandis que
la montagne retentissait du mugissement des
troupeaux, les échos reproduisaient, en les multipliant, les chants guerriers d'une milice en-
nivrée de recevoir son chef. L'empereur a mis
le comble à l'enthousiasme qu'elle éprouvait, en
s'asseyant à une table toute militaire et toute
pastorale. Des toasts ont été portés à tout ce
qui fait l'honneur du nom français : à la patrie,
à la gloire, à la liberté ! Je n'ose dire les attentions dont j'ai été l'objet. Elles me touchent
vivement, parce que je les regarde comme le
reflet de la vénération que la France a vouée
à l'empereur.

— A Bayonne, un personnage important attendait l'empereur : c'est don Pédro de Las-Torres, envoyé particulier de don Juan Escoïquiz, gouverneur du prince des Asturies. A la suite des événemens d'Aranjuez, ce dernier a été proclamé sous le nom de Ferdinand VII ; mais le vieux roi Charles auquel la terreur avait arraché une abdication, proteste aujourd'hui contre cette abdication. Le nouveau monarque prétend que son père, mené par la reine, jouet elle-même du prince de la Paix, n'a jamais eu, ni pu avoir de volonté. Cependant, la nation alarmée se divise entre ses deux chefs. Si les uns reprochent à Charles d'avoir livré ses volontés à don Manuel Godoï (le prince de la Paix), les autres imputent à Ferdinand de n'en connaître d'autres que celles de don Juan Escoïquiz. Le premier, fier et impertinent, comme un favori, opprime son maître et humilie la nation ; l'autre, doucereux et patelin, trompe à la fois la nation et subjugue son élève. Tous deux ont fait et font encore les malheurs de l'Espagne. Qu'y a-t-il de plus déplorable en effet que la situation respective des gouvernans et des gouvernés : Les uns sans confiance, les autres sans amour. Au milieu de ces factions, qu'on peut appeller

parricides, il s'en glisse une troisième qui cal_
cule leur mésintelligence, la favorise peut être,
et veut faire triompher la liberté. Mais l'igno-
rante et superstitieuse Espagne est-elle apte
à recevoir ce bienfait? Avec ses nobles superbes,
ses prêtres fanatiques, son peuple paresseux,
comment exécuter une entreprise qui suppose
l'amour de l'égalité, la pratique de la tolérance
et une héroïque activité ? Voilà ce que l'empereur aura à examiner. Il est réclamé par tous
les partis comme médiateur : il arrive, au
milieu d'eux, sans les connaître , et n'éprouve
comme homme, qu'une parfaite indifférence.
Sa politique éclairée prendra conseil de la
nécessité; et dans ce grand démêlé, dont on
veut le rendre juge, il conciliera ce qu'il doit
aux intérêts de la France avec ce qu'exige le
salut de l'Espagne.

Ce don Pédro de Las Torres n'a pas été envoyé sans dessein. Don Juan, son patron, savait qu'il possède à quelques lieues de Bayonne
une vaste métairie, dans laquelle il élève de
de nombreux troupeaux de mérinos. C'est là
que, sous un prétexte plausible, nous avons
été conduits. A la suite d'un festin d'une magnificence champêtre, nous avons fait à pied,
le tour de l'habitation. Au fond d'une gorge

verdoyante et bornée de tous côtés par des roches tapissées de mousses et de fleurs, tout-à-coup, nous a comme apparu une chaumière pittoresque, legèrement suspendue sur une saillie de rocher, et autour de laquelle étaient épars sept à huit cent moutons de la plus belle espèce. Nous n'avons pu retenir un cri d'admiration; et sur les complimens que l'empereur adressait à don Pédro, ce seigneur lui a déclaré que ces troupeaux nous appartenaient. Le roi mon maître, a-t-il ajouté, connaît le goût de Sa Majesté l'Impératrice pour les exploitations rurales; et comme cette espèce de brébis, peu connue en France, pourrait être le principal ornement, et par suite, la principale richesse d'une ferme, il la supplie de ne pas se priver, par un refus, de ce qui deviendra tout à-la-fois si utile et si agréable à sa nation. Don Pédro, a répondu l'empereur d'un ton sévère, l'impératrice ne peut agréer un présent que de la main d'un roi; et votre maître ne l'est point encore. Attendez, pour le lui offrir, que votre nation et moi ayions prononcé. Le reste de la visite a été fort cérémonieux; mais.......

(Ici, une lacune, par laquelle nous terminons ce qu'il nous a été possible de rassembler de ces *Fragmens.*)

CORRESPONDANCE SECRETE (1).

A la Reine HORTENSE.

Ce que j'appris, il y a huit jours, me fit une peine cruelle; ce que je vis hier la confirme et l'augmente. Pourquoi montrer à Louis cette répugnance? Au lieu de la lui rendre plus dé-plaisante encore par des caprices, par des inégalités de caractère, que ne faites vous des efforts pour la surmonter? Mais il n'est pas aimable! tout est relatif. S'il ne l'est plus pour vous, il le fut, il vous le parut du moins. S'il

---

(1) En hasardant ces lettres, dont l'objet a paru intéressant, mais dont on ne possède que des copies, on n'en garantit l'authenticité, qu'autant qu'elle ne semble pouvoir être démentie par la vraisemblance. On reconnait, en effet, dans la plupart, le caractère conciliateur, les principes et surtout *la mesure* qui guidait les démarches de Joséphine, et inspira tout ce qu'lle a écrit.

ne l'est pas, il peut le paraître, et toutes les femmes ne le voient pas à travers leur haine. Pour moi qui y suis fort désintéressée, je crois le voir tel qu'il est, plus aimant qu'aimable, sans doute, mais c'est une grande et rare qualité; généreux, bienfaisant, sensible, et bon père surtout; si vous vouliez, il serait si facilement bon époux! sa mélancolie, son goût pour l'étude et pour la retraite lui nuisent auprès de vous : je vous demande si c'est lui qui a tort? Est-il obligé de réformer sa nature sur les circonstances? Qui lui aurait prédit sa fortune? Il n'a pas le courage de la soutenir, selon vous! je crois que c'est une erreur; mais il n'en a pas la force. Avec des inclinations cazanières, un penchant invincible pour la retraite et pour l'étude, il se trouve déplacé. Vous voudriez qu'il ressemblât à son frère; donnez-lui en donc le génie; donnez-lui en surtout le tempérament. Vous n'êtes pas sans avoir remarqué que presque toute notre existence dépend de notre santé, et celle-ci de nos digestions. Que ce pauvre Louis digère mieux, et vous le trouverez plus aimable. Mais tel qu'il est, ce n'est pas un motif pour le délaisser, et pour lui faire éprouver le sentiment désobligeant qu'il vous inspire. Vous que j'ai vue si bonne, continuez à l'être précisément quand il le faut d'avantage. Prenez pitié d'un homme qui se trouve à plaindre de ce qui ferait le bonheur d'un autre ; et avant de le condamner, relisez les lettres de madame de Maintenon. Elle aussi gémissait de ses grandeurs, et mouillait de pleurs un diadème qu'elle ne croyait pas fait pour son front.

A la Même.

———

Vous m'avez mal comprise, mon enfant : il n'y a, dans mon style aucune équivoque, comme il ne peut y avoir, dans mon cœur, aucun détour. Comment a t-il pu vous tomber dans l'imagination que je partageais quelques opinions ridicules ou peut être-intéressées ? Non, vous ne pensez pas que je vous crois ma rivale. Nous régnons toutes deux sur un même cœur, mais à des titres bien différens, quoiqu'également sacrés ; et ceux qui, dans l'affection que vous témoigne mon époux. ont pu voir d'autres sentimens que ceux d'un ami et d'un père, ne connaîtront jamais son âme. Elle s'élève trop au-dessus du vulgaire pour être accessible à ses passions. Celle de la gloire l'occupe peut-être plus qu'il ne le faudrait pour notre repos ; mais du moins, la gloire n'inspire rien de vil. Telle est ma profession de foi sur lui. Je vous la communique avec sincérité, pour qu'elle calme vos inquiétudes. Quand je vous ai recommandé de chérir, ou du moins de ne pas repousser Louis, c'est en épouse expérimentée que je vous parlais, c'est en mère attentive, c'est en amie; et c'est encore sous ces trois rapports, qui me sont également chers, que je vous embrasse tendrement.

Au Prince E U G È N E.

———

En voyant s'aggrandir vos destinées, vous n'aurez nul besoin, mon fils, d'élever votre âme avec elles. A quelque hauteur qu'elles atteignent, les sentimens que je vous connais sont encore plus hauts. Tel est l'avantage d'un homme qui met sa conscience partout. En cela, vous êtes le digne fils de celui dont vous me retracez, avec les traits, les principes et la conduite. Dans le gouffre de l'infortune, il ne montra tant de courage, que parce que, dans une meilleure fortune, il avait montré toute sa probité. C'est qu'il suffit des souvenirs d'une vertu sans tâche, pour fortifier les derniers momens, comme ils ont suffi pour illustrer toute la vie. Voilà la vôtre, mon fils : livrée aux prestiges de la grandeur, mais, ne vous séduisant point, ils ne pourront vous corrompre. Au milieu des honneurs et de l'opulence, vous vous rappellerez Fontainebleau,

où vous fûtes pauvre, orphelin et délaissé ;
mais vous ne vous en rappellerez que pour
tendre aux malheureux une main secourable.
J'apprends avec une vive satisfaction, que
votre jeune épouse partage tous vos sentimens:
c'est la preuve qu'elle partage aussi toutes vos
affections ; et comme je suis intéressée à ce
qu'elle les éprouve au même degré que vous ,
c'est en mère que je m'en réjouis. C'est aussi
de même que je vous embrasse l'un et l'autre.

A MADAME MÈRE (1).

Usez, Madame et très-honorée mère, de l'ascendant que vous donnent votre expérience, votre dignité, vos vertus et l'amour de l'empereur, pour rendre à sa famille la paix intérieure qui en est bannie. J'ai craint de mêler ma voix à ces discordes intestines, dans la crainte que la calomnie ne m'accuse de les irriter en m'en mêlant. C'est à vous, Madame, qu'il appartient de les calmer; et pour cela, dites seulement que vous en êtes avertie. Votre prudence aura commencé l'ouvrage, en signalant le mal; la leur trouvera le remède.

Je ne nomme personne et votre sagacité devinera tout le monde. Les passions humaines ne vous sont pas étrangères, et les vices, qui

____

(1) Titre sous lequel était connue la mère de l'empereur.

ne vous ont jamais approchée, vous les dé-
couvrirez, dans ceux qui vous sont chers, par
l'intérêt que leur bonheur vous commande.
Vous ne serez pas long-temps sans remarquer
les progrès de l'ambition, peut être ceux mêmes
de la cupidité dans plus d'une âme ingénue
jusqu'alors, mais que les faveurs de la fortune
commencent à gâter. Vous verrez avec crainte
les ravages toujours croissans du luxe, et avec
plus de peine encore l'insensibilité arriver à sa
suite. Je n'insiste pourtant pas sur ce reproche,
parce que peut être est-il moins fondé que les
autres, et qu'il n'est pas impossible que j'aie
pris pour dureté de cœur ce qui n'était qu'en-
nivrement de l'esprit. Quoiqu'il en soit, cette
ivresse, manifestée par la vanité, par l'inso-
lence, par d'outrageans refus, produit sur
ceux qui en sont témoins de déplorables effets. On rappelle si aisément leur origine à
ceux qui semblent l'oublier; et le seul moyen
de se faire pardonner sa fortune, est d'en partager les dons avec ceux qu'elle n'a pas favorisés.

A Sa Sainteté Pie VII.

Quelqu'habitude que la connaissance de notre religion ait donnée à Votre Sainteté des vicissitudes humaines, sans doute qu'elle ne voit pas sans étonnement une femme obscure prête à recevoir de ses mains (1) la première couronne de l'Europe. Dans un évènement aussi extraordinaire, elle sent la main de Dieu, et la bénit, sans lui demander compte de ses desseins. Mais moi, Saint Père, je serais encore ingrate, même en la glorifiant, si je n'épanchais dans le sein paternel de celui qu'elle a choisi pour représenter sa Providence, si je ne lui confiais mes sentimens secrets. Le premier,

____

(1) Par un préjugé que sa piété rend peut-être excusable, Joséphine attribue au souverain pontife un pouvoir qu'il n'a pas et des fonctions qu'il n'a pu exercer : elle reçut la couronne des mains de son époux, qui lui-même venait de la recevoir du peuple.

celui qui domine les autres, est la conviction
de ma faiblesse et de mon incapacité. Par moi-
même, je suis peu, ou, pour mieux dire, rien :
je ne vaux un peu que par l'homme extraordinaire auquel je suis unie. Ce retour sur moi-
même, qui m'humilie quelquefois, parvient à
m'encourager par un examen plus réfléchi. Je
me dis que le bras, sous lequel tremble la terre,
peut bien me soutenir et doit me fortifier. Mais
que d'autres écueils environnent le poste élevé
auquel il me fait monter ! Je ne parle pas de la
corruption qui, parmi les grandeurs, atteint
les âmes les plus saines : je présume assez bien
de la mienne, pour ne la pas redouter. Mais,
de ce faîte, d'où les autres dignités doivent paraître misérables, comment distinguer les véritables misères ? Ah ! je sens pourtant qu'en
devenant impératrice des Français, j'en dois
aussi devenir la mère ; toutefois, que serait-ce
que les porter dans mon cœur, si je ne leur
prouvais ma tendresse que par mes intentions ?
Ce sont des faits que les nations ont droit de
demander à ceux qui les gouvernent ; et Votre
Sainteté, qui répond si bien au respectueux
amour de ses sujets par des actes continuels de
justice et surtout de bienveillance, est mieux
qu'aucun autre souverain, capable de me dé-

montrer par son exemple , l'efficacité de cette doctrine. Puisse-t-elle donc, avec les onctions saintes qu'elle fera couler sur ma tête , non pas seulement me pénétrer de la vérité de ces préceptes, dont mon cœur est persuadé, mais me communiquer la facilité de les mettre en pratique !

A l'Empereur.

Mes pressentimens sont réalisés : vous venez de prononcer le mot qui nous sépare ; le reste n'est plus qu'une formalité. Voilà donc le résultat, je ne dirai pas de tant de sacrifices, ils me furent doux, puisqu'ils étaient pour vous ; mais d'une amitié sans borne de mon côté, et du vôtre, des sermens les plus solennels ! Encore si l'Etat, donc vous vous faites un motif, me dédommageait en vous justifiant ! Mais cet intérêt, auquel vous feignez de m'immoler, n'est qu'un prétexte : votre ambition, mal calculée, tel a été, tel sera toujours le guide de votre vie ; guide qui vous a mené aux conquêtes et au trône et qui vous pousse maintenant aux défaites et au précipice.

Vous parlez d'alliance à contracter, d'héritier à donner à votre empire, de dynastie à fonder ! mais avec qui formez-vous alliance ?

Avec l'ennemi naturélle de la France, cette insidieuse maison d'Autriche, qui déteste notre
pays par sentiment, par système, par neces-
sité. Croyez-vous que cette haine dont elle nous
a donné tant de preuves, surtout depuis cin-
quante ans, elle ne l'ait pas transmise du
du royaume à l'empire; et que les enfans de
Marie-Thérèse, cette habile souveraine qui
acheta de madame de Pompadour ce fatal traité
de 1756, dont vous ne parlez qu'avec horreur;
pensez-vous, dis-je, que sa postérité, en hé-
ritant de sa puissance, n'ait pas hérité de son
esprit? Je ne sais que vous répéter ce que vous
m'avez dit mille fois; mais alors, votre ambition se bornait à humilier une puissance. qu'il
vous convient de relever aujourd'hui. Croyez-
moi : tant que vous serez maître de l'Europe,
elle vous sera soumise; mais n'ayez jamais de
revers.

Quant au besoin d'un héritier, dût une
mére vous paraître prévenue, en vous parlant
d'un fils, puis-je et dois-je me taire sur celui
qui fait toute ma joie, et qui faisait vos espérances? C'était donc encore un mensonge politique que cette adoption du 12 janvier 1806!
Mais ce qui n'est point une illusion, ce sont les
talens, ce sont les vertus de mon Eugène : vous

même, combien de fois en fîtes vous l'éloge ! que dis-je ? C'est par la possession d'un trône que vous avec cru devoir les récompenser ; et souvent vous avez dit qu'il méritait davantage. Eh bien ! la France l'a souvent répété après vous ; mais que vous sont les vœux de la France !

Je ne vous parle point ici de la personne destinée à me succéder ; et vous n'attendez pas que je vous en parle : ce que j'en dirais vous paraîtrait suspect. Ce qui ne peut jamais l'être pour vous, ce sont les vœux que je forme pour votre bonheur : qu'il me dedommage au moins de mes peines ! Ah ! qu'il sera grand, s'il leur est proportionné !

A l'Impératrice MARIE-LOUISE.

MADAME,

TANT que vous n'avez été que la seconde épouse de l'empereur, j'ai du garder le silence avec Votre Majesté ; je crois pouvoir le rompre aujourd'hui que vous êtes devenue la mère de l'héritier de l'empire.

Vous auriez cru difficilement à la sincérité de celle que vous regardiez peut être comme une rivale ; vous croirez aux félicitations d'une française, car c'est un fils que vous avez donné à la France.

Votre amabilité, votre douceur, vous ont acquis le cœur de l'empereur ; votre bienfaisance vous mérite les bénédictions des malheureux ; la naissance d'un fils vous vaudra celle de tous les Français.

C'est un peuple si aimable, si sensible, si admirable que ces Français ! et pour me servir d'une expression qui les peint à merveille, *il aime à aimer,* Oh ! qu'il est doux d'être aimé de lui !

C'est sur cette facilité, et pourtant cette solidité d'affection que les partisans de ses anciens rois ont long-temps compté pour les faire regretter, et en cela, ils ont eu raison. Quelque chose qui arrive, par exemple, le nom de Henri IV sera toujours béni. Il faut avouer pourtant que la révolution, sans gâter les cœurs, a beaucoup étendu les intelligences et rendu les esprits plus exigeans. Sous nos rois, on se contentait du repos ; maintenant, on veut de la gloire.

Voilà, madame, les deux biens dont vous êtes appelée à donner l'avant-goût à la France : votre fils les lui fera goûter complètement, si aux vertus sévères de son père, il joint celles de son auguste mère qui les tempère, etc.......
.... (*Ici, est une lacune.*)

A l'Empereur ALEXANDRE.

S I R E ,

Mon cœur éprouve le besoin de témoigner à votre majesté toute ma reconnaissance. Je n'oublierai jamais, qu'à peine arrivé à Paris, (car je ne veux pas dire *entré*) vous avez daigné vous ressouvenir de moi (1). Au milieu des malheurs qui affligent ma patrie, ces égards me seraient presq'une consolation, s'ils pouvaient s'étendre à une personne qu'il me fut jadis permis de nommer avec orgueil. Vous même, sire, la nommiez alors avec les expressions d'une auguste amitié. En vous rappelant un sentiment qui fut partagé, c'est vous rappeler à ce que son souvenir demande. Dans une âme telle que la vôtre, il ne sera jamais effacé.

------

(1) Quelques heures après l'entrée des alliés dans Paris, le 31 mars 1814, l'empereur de Russie, le roi de Prusse et les princes, que les événemens avaient amenés dans la capitale, firent leur première visite à l'impératrice Joséphine.

FIN.

TABLE DES MATIÈRES.

Fin de la Table.

9 782329 608952